Erklär mir die Pferde

Hans Peter Thiel

Dieses Piper Erklär mir Sachbuch gehört

____

____

Piper Erklär mir Sachbuch 3

Inhaltsverzeichnis

Unter Mitarbeit von H. Roland Floerke

ISBN 3-492-02267-7
2. Auflage, 16.–35. Tausend 1977

Reproduktion: FBS, München
Fotosatz: A. Kreuzer GmbH & Co., München
Druck und Bindearbeiten:
Graphische Werkstätten Kösel
Printed in Germany

Fachliche Begutachtung:
Bengt Birck, Hippologischer Buchdienst München
Uschi Mayr, Grundschullehrerin und Reiterin
Grafik: Fritz Köhler, F. Medard Varsányi
Vorsatzfoto: Hans W. Silvester/Bavaria
Umschlag: Hans Peter Polanetz

Vorwort

Erklär mir die Pferde – ein Sachbuch aus dem Piper-Erklär-mir-Programm – wendet sich an Pferdefreunde und solche, die es werden möchten. Es schildert die Entwicklungsgeschichte des Einhufers und die erste Begegnung des scheuen Fluchttieres mit den steinzeitlichen Bewohnern der Steppen, die das Urwildpferd als willkommene Jagdbeute schätzten. Seine Zähmung und schließlich seine Verwendung als Zug- und Reittier hat seit Jahrtausenden die Geschichte der Menschen wohl ebenso stark beeinflußt wie die Erfindung des Pfluges oder des Rades. Ohne Pferde wären viele Völker nicht zu Macht und Ansehen gelangt, wäre die Welt langsamer erforscht worden, hätte es vielleicht weniger grausame Kriege und sicher keine Ritter gegeben, wären viele Maschinen und Fahrzeuge nicht gebaut worden. Das Pferd, das seine Kraft und Fähigkeiten in den Dienst des Menschen stellte, war ihm Helfer und Gefährte bis ins technische Zeitalter.

Erklär mir die Pferde – ist aber auch ein Buch für Reiter und alle, die sich für den Reitsport interessieren. In knapper Form bringt es die wesentlichen Grundlagen für das Reiten bis zum Turniersport und den Lektionen der „Hohen Schule“. Wer übrigens nicht weiß, was man unter der „Hohen Schule“ versteht, kann dies mit Hilfe des Wörterverzeichnisses am Ende des Buches leicht herausfinden. Dort stehen hinter dem gesuchten Begriff die Zahlen 42, 78, 82–83, 94. Diese geben die Seiten an, auf denen die höchste Form der Dressurreiterei ausführlich beschrieben ist. Jede Doppelseite enthält einen abgeschlossenen Text mit alphabetisch geordneten Begriffserklärungen am Rand. So ist auch dieser Band wie jedes Buch aus dem Piper-Erklär-mir-Programm gleichzeitig ein Nachschlagewerk von A–Z, von Aalstrich bis Zweigespann. Mit Hilfe des Wörterverzeichnisses findet man schnell alles Wissenswerte über Pferde, Pferderassen, Pferdehaltung und Pferdezucht.

Erklär mir die Pferde – kann keine Reitlehre sein. Das richtige Reiten läßt sich nicht aus Büchern erlernen. Wer ein Pferd besteigen oder mit einem Gespann fahren will, sollte in einen der vielen Reit- und Fahrvereine eintreten und sich gründlich ausbilden lassen. Man muß dafür durchaus kein eigenes Reitpferd oder Pony besitzen. Wer Pferde mag und sich an ihnen freut, kann seine Ferien auf einem Reiterhof verbringen oder edle Vollblüter auf einem Rennplatz, bei einem Reitturnier und im Zirkus bewundern. Über alles, was mit Pferden, Reit- und Fahrsport sowie Pferdezucht zu tun hat, gibt auch die Deutsche Reiterliche Vereinigung, 4410 Warendorf, gerne Auskunft.

Entwicklungsgeschichte / Das Pferd der Morgenröte

DER EOHIPPUS gilt als ältester, bisher bekannter Vorfahre unserer heutigen Pferde. Man hat ihm diesen Namen gegeben, weil er im **Eozän** lebte. Das war ein Zeitabschnitt in der **Erdgeschichte,** den man als „Morgenröte des Lebens" bezeichnet. Die **Dinosaurier** waren bereits ausgestorben, und die ersten Säugetiere begannen sich rasch zu entwickeln.

Die Erde sah damals ungefähr so aus: Die großen Faltengebirge wie die Alpen in Europa, der Himalaja in Asien und die Rocky Mountains in Amerika hatten sich gerade erst gebildet. Es gab noch viele tätige Vulkane. Die Erdteile und Meere besaßen andere Umrisse als heute. Europa lag teilweise unter Wasser. Das Klima war warm und feucht, der Boden größtenteils sumpfig. Üppiger Urwald bedeckte weite Gebiete der Erde. Es wuchsen riesige Mammutbäume, Nadelhölzer, Palmen und Farnbäume. In dieser Landschaft lebten recht merkwürdige Tiere. Dazu gehörten die scheußlichen **Uintatherien.** Sie waren die größten Säugetiere jener Zeit und starben bald aus. Ein anderes seltsames Tier des Eozän war der Riesenvogel **Diatryma.** Es gab auch schon katzenartige und hundeartige Raubtiere.

Der **Eohippus** zählt nicht zu den großen Säugetieren wie das heutige Pferd. Er war etwa so groß wie ein Fuchs und lebte vor allem in Nordamerika, aber auch in Europa. Das Waldtier ernährte sich von Blättern der Büsche und niedriger Bäume. An den Vorderfüßen hatte der Eohippus vier, an den Hinterfüßen drei Zehen mit kleinen Hornschalen. Das waren besonders kräftige Finger- und Zehennägel. Der Pferdevorfahr bewegte sich auf gespreizten Zehen fort und sank durch sein geringes Gewicht kaum in den sumpfigen Waldboden ein. Die weitere Entwicklung zum Pferd setzte sich nur in Nordamerika fort.

Diatryma (**2**) war ein über zwei Meter großer Laufvogel mit einem gewaltigen Schnabel. Er lebte vor etwa 50 Millionen Jahren in Nordamerika.

Dinosaurier beherrschten über 100 Millionen Jahre lang die Erde. Diese ausgestorbenen Riesenechsen lebten auf dem Land, im Wasser und in der Luft. Die größten wurden 5 Meter hoch und 30 Meter lang.

Eohippus (**1**) hat seinen Namen von den griechischen Wörtern eos = Morgenröte und hippos = Pferd. Er bewohnte im frühen Eozän Nordamerika und Europa.

Eozän heißt ein Zeitabschnitt der Erdgeschichte. Er begann vor rund 60 Millionen Jahren und dauerte etwa 20 Millionen Jahre.

Erdgeschichte nennt man den Zeitraum von der Entstehung der Erde bis heute. Man schätzt das Alter der Erde auf ungefähr 12 Milliarden Jahre. Davon umfaßt die Entstehungsgeschichte des Lebens etwa eine Milliarde Jahre. Man unterteilt diese Zeit in Erdaltertum, Erdmittelalter und Erdneuzeit.

Uintatherien (**3**) waren die Giganten des Eozän. Sie trugen drei Paar Höcker aus Horn und waren Pflanzenfresser.

2
3
1
1
F. KOHLER

Entwicklungsgeschichte

Eiszeiten hat es in den letzten 600 000 Jahren vier gegeben. Sie dauerten jeweils etwa 100 000 Jahre und wurden von Warmzeiten unterbrochen, in denen es ungefähr so warm war wie heute. Durch eine geringere Sonneneinstrahlung bildeten sich auf beiden Erdhalbkugeln ungeheure Eismassen. In Europa reichten sie von Skandinavien bis zu den Alpen. Die letzte Eiszeit ging 10 000 vor Christus zu Ende.

Equiden nennt man mit einem Sammelnamen alle Tierarten und Unterarten, die sich im Laufe der Zeit aus dem 38 Zentimeter hohen Eohippus (**1**) entwickelt haben. Die meisten dieser Abkömmlinge sind wieder ausgestorben.

Landbrücke ist eine Verbindung zwischen zwei Erdteilen. Eine solche Brücke besteht zwischen Asien und Amerika. Sie liegt heute unter dem Meeresspiegel in der Beringstraße. In den Eiszeiten erstarrten große Mengen Wasser zu Eis. Dadurch sank der Meeresspiegel. Untermeerische Landverbindungen tauchten auf, über die Tiere in andere Erdteile einwanderten.

Mesohippus (**2**), bereits größer als der Eohippus, lebte vor 40 bis 25 Millionen Jahren im Oligozän und bewohnte die Grassteppen Nordamerikas.

DIE PFERDEVORFAHREN stammen alle vom Eohippus ab. Im Laufe sehr langer Zeiträume wurde es kälter auf der Erde. Die Sumpfwälder der **Steinkohlenzeit** versanken im weichen Boden. Die Pflanzen wurden dabei nach und nach zu Kohle. Die Erdoberfläche wandelte sich und in vielen Gegenden entstanden trockene Grassteppen. Hier hatte das Sumpftier Eohippus keinen Lebensraum mehr. Die Urpferdchen paßten sich langsam den veränderten Lebensbedingungen an. Sie mußten sich daher an anderes Futter gewöhnen. Damit änderte sich auch ihr Körperbau: Die **Equiden** wurden größer. In der offenen Steppe konnten sie sich nicht mehr verstecken wie im Wald. Um ihren Feinden zu entkommen, mußten die Tiere schneller laufen. So wurde aus dem Mehrzehengänger des feuchten Waldbodens allmählich ein Einzehengänger.

Die auf den Eohippus folgenden Equiden **Mesohippus** und **Pliohippus** liefen auf den Fußspitzen. Weil die äußeren Zehen nicht mehr benötigt wurden, bildeten sie sich allmählich zurück. Die mittlere Zehe aber wurde zu einem kräftigen Hornschuh, dem Pferdehuf. Diese Entwicklung fand im Laufe von etwa vierzig Millionen Jahren statt – lange bevor die heute bekannten Säugetiere lebten.

Die Urheimat aller Pferdevorfahren war Nordamerika. Während der **Eiszeiten** wanderten die ersten Urwildpferde immer wieder von dort über Asien bis nach Europa. Damals waren Nordamerika und Asien ja durch eine **Landbrücke** miteinander verbunden. So ist es vermutlich zu erklären, daß man auch in Asien und Europa Überreste von Urwildpferden fand. Deren einzige Nachkommen sind der **Tarpan** und das **Przewalski-Pferd.** Seltsamerweise hat es diese beiden Wildformen in Nordamerika nie gegeben. Die Equiden waren dort schon vorher ausgestorben.

Vom Mehrzehengänger zum Einhufer

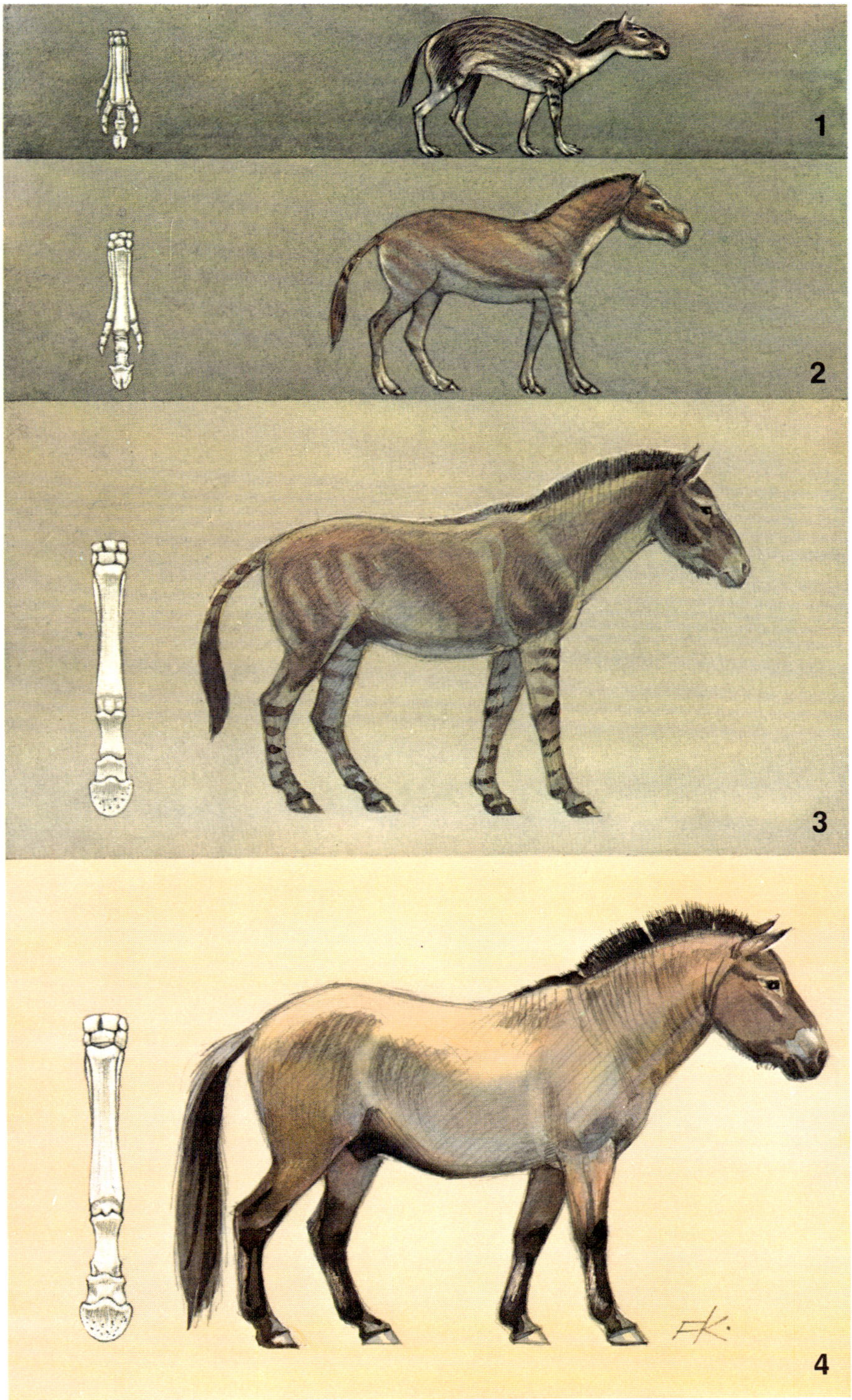

Pliohippus (**3**) hieß der erste Einhufer in der Entwicklungsgeschichte der Pferde. Er lebte im Pliozän vor 10 bis 1 Millionen Jahren in der Grassteppe.

Przewalski-Pferd (**4**, sprich: Pschewalski) nennt man das letzte Urwildpferd. Der russische Forscher Przewalski entdeckte diese 135 cm hohe Pferderasse 1879 bei einer Reise durch die Mongolei. Przewalski-Pferde sind meist gelblich, haben eine stehende kurze Mähne und auf dem Rücken einen schwarzen Streifen, den sogenannten Aalstrich.

Steinkohlenzeit heißt die etwa 250 Millionen Jahre zurückliegende Erdformation des Karbon. Damals gab es riesige feuchtwarme Sümpfe, in denen üppige Wälder mit fremdartigen Bäumen, Schachtelhalmen und Farnen gediehen. Aus den verrottenden Sumpfpflanzen entstanden die Kohlenlager der Erde.

Tarpan, eine heute ausgestorbene Pferderasse, bewohnte die Wälder und Ebenen Nordosteuropas. Noch Ende des vorigen Jahrhunderts kam der Tarpan am Schwarzen Meer vor. Dort wurden die letzten dieser grauen Wildpferde von Bauern erschlagen, weil sie immer wieder in die Koppeln der Hauspferde eindrangen. Man hat versucht, den Tarpan zurückzuzüchten.

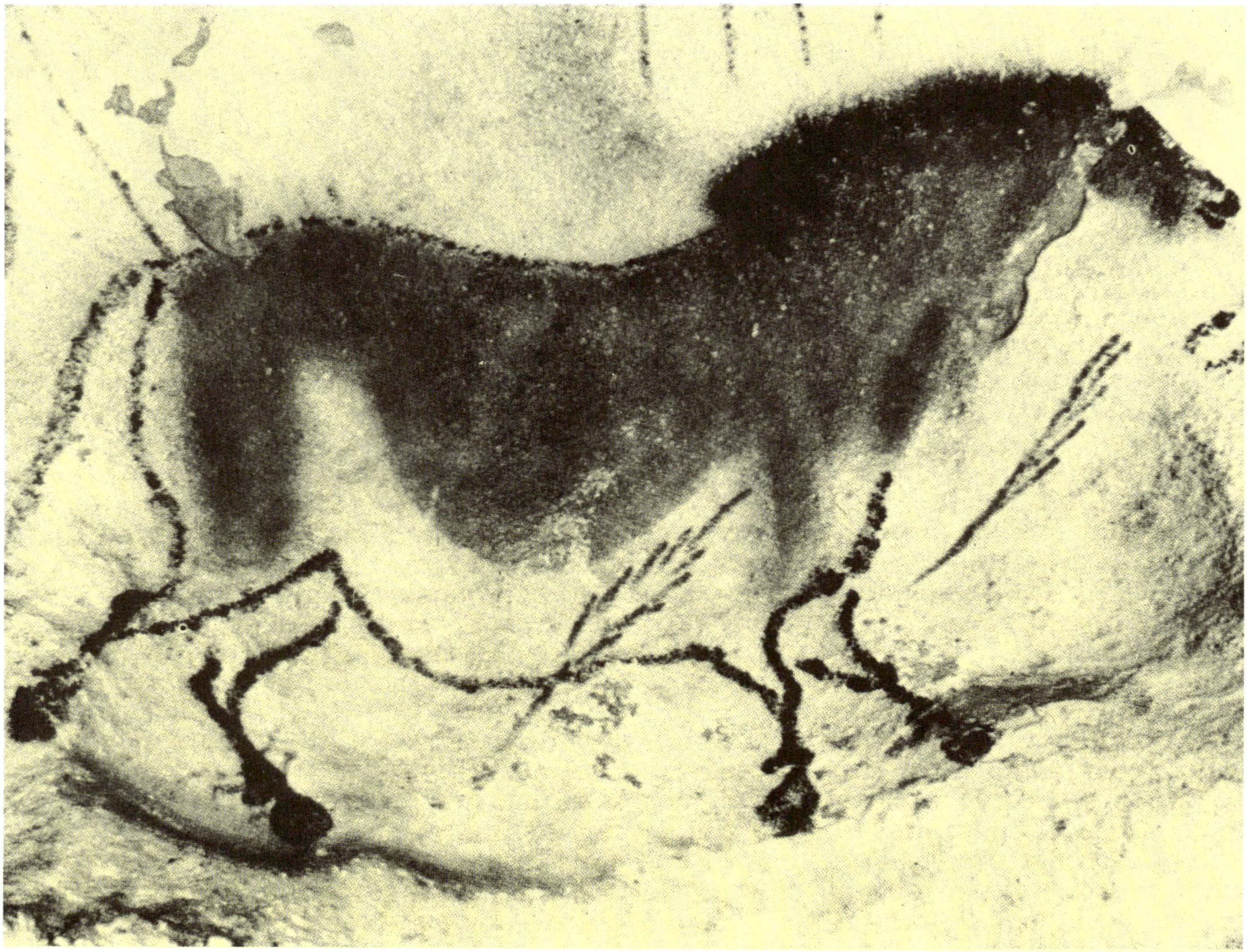

Altamira ist der Name eines Bauerngutes in Nordspanien in der Nähe der Stadt Santander am Atlantik. Die im Jahr 1879 entdeckte Steinzeithöhle von Altamira zeigt an der Decke eines tief im Innern liegenden Raumes prachtvolle farbige Tierdarstellungen.

DIE JÄGER der **Steinzeit** in Europa und Asien sahen in den Wildpferden eine willkommene Jagdbeute. Etwa hunderttausend Jahre vor unserer Zeitrechnung lebten die **Neandertaler.** Diese Urmenschen waren noch Jäger und Sammler. Sie kannten weder Ackerbau noch Viehzucht. Neben eßbaren Samen, Beeren und Wurzeln war das bei der Jagd erbeutete Fleisch ihre einzige Nahrung.

Pferde als Jagdbeute

Man hat Lagerplätze der Neandertaler gefunden und ausgegraben. Dabei entdeckte man auch Knochenreste der jagdbaren Tiere. Dazu gehörten in jener Zeit das Mammut, der Bison, der Elch, das Urrind, aber auch Bären, Hirsche und Wildschweine. Knochen von Wildpferden kamen in den Küchenabfällen der Altsteinzeit nur selten vor. Wahrscheinlich waren die flinken Wildpferde für den Neandertaler nicht leicht zu jagen.

Den Neandertalern folgten vor etwa vierzigtausend Jahren die **Cro-Magnon-Menschen,** die Vorfahren der heutigen Europäer. Diese Jäger der Mittelsteinzeit galten als geschickte Beutemacher. Es gab kaum ein Wild der damaligen Zeit, dem sie nicht nachstellten. Im Unterschied zu den Neandertalern besaßen sie eine besonders wirkungsvolle Waffe, die Speerschleuder. Damit erlegten sie auch schnelles Wild wie Rentiere und Pferde. Pferdefleisch stand häufig auf ihrem Speisezettel. Auf den Wänden und Decken von Höhlen sind die Wildtiere abgebildet, die der Cro-Magnon-Mensch jagte. Besonders viele **Höhlenmalereien** hat man in Frankreich und Spanien entdeckt. Am berühmtesten sind die Felsbilder von **Lascaux** und **Altamira.** Die Höhlen mit den Malereien dienten nicht zum Wohnen. Hier fand der Jagdzauber der Steinzeitmenschen statt. Die Jäger versammelten sich dazu in der dunklen Höhle. Der Zauberer des Stammes begann im Schein der Fackeln zu tanzen. Er war in ein zottiges Tierfell gehüllt und trug ein Hirschgeweih auf dem Kopf. Beschwörend schwang er einen Zauberstab vor den Tierbildern auf den Wänden hin und her. Die Menschen wurden vom Jagdfieber ergriffen und zielten mit ihren Speeren nach den Tieren auf den Felswänden. Dadurch sollten die abgebildeten Tiere in die Gewalt der Jäger kommen.

Cro-Magnon-Menschen haben ihren Namen von dem Ort Cro-Magnon (sprich Kroh-Manjoh) in Frankreich, wo man im Jahr 1868 die ersten Knochenfunde gemacht hat.

Höhlenmalereien stammen aus dem jüngsten Abschnitt der Altsteinzeit etwa vor 30 000 bis 10 000 Jahren. Dargestellt ist das jagdbare Wild der damaligen Zeit. Die Zeichnungen wurden zuerst in den weichen Kalkstein geritzt und die Rillen mit Farbe ausgefüllt. Später wurden die Umrisse oder die ganzen Tierkörper farbig angelegt. Dafür verwendete man farbige Erden sowie Fellstücke, Federn oder zerkaute Zweige als Pinsel.

Lascaux (sprich: Laskoh), die bedeutendste Bilderhöhle Frankreichs, wurde 1940 von Kindern entdeckt. In dieser Höhle fanden sich besonders viele Pferdedarstellungen (Bild).

Neandertaler sind Urmenschen, deren Skelette man zum erstenmal im Neandertal bei Düsseldorf, später aber auch an anderen Orten gefunden hat. Diese frühen Menschen waren kleiner als heutige Europäer.

Steinzeit heißt die erste Kulturstufe, in der die Menschen ihre Geräte aus Stein und noch nicht aus Metall herstellten.

Die Jäger der Steinzeit schlossen sich zu Jagdgesellschaften zusammen. Denn nur in der **Horde** war es möglich, größere und schnellere Tiere zu erjagen. Selbst die größten Landtiere jener Zeit, das Mammut, der Bison und das Wollnashorn, wurden so von den steinzeitlichen Jägern überwältigt. Dabei besaßen diese nur sehr einfache Waffen: dolchartig zugeschliffene Knochen, Faustkeile aus Stein, hölzerne Speere mit steinernen Spitzen. Aber sie waren schlau und listenreich und beobachteten das Verhalten der Tiere. Sie hatten verschiedene Techniken der Jagd entwickelt, je nachdem welches Wild sie erbeuten wollten. Große und schwere Tiere wie Mammuts jagten sie in **Fallgruben** oder trieben sie in den Sumpf. Hirsche und Antilopen hetzten sie gemeinsam so lange, bis einzelne Tiere erschöpft zusammenbrachen.

Bei Pferden war die **Klippenjagd** am erfolgreichsten. Sobald die Jäger eine Herde von Wildpferden entdeckt hatten, trieben sie diese mit lautem Geschrei auf einen Abgrund zu. Die verängstigten Tiere sprangen vom Rand der Klippe in die Tiefe und konnten von den untenstehenden Jägern leicht erlegt werden. An einem solchen Abgrund in Südfrankreich hat man die Knochenreste von vielen tausend Wildpferden gefunden. Die **Feuerjagd** eignete sich ebenfalls sehr gut, um die schnellen Pferde zu fangen. Meist legte eine Gruppe von Jägern in der Grassteppe einen ringförmigen Brand. Die durch das Feuer aufgeschreckte Herde versuchte in rasendem Galopp zu entkommen. Der einzige Fluchtweg aus dem Feuerkreis aber führte durch eine schmale Öffnung, wo die anderen Jäger auf die sichere Beute lauerten. Sie klammerten sich an der Mähne eines vorbeihetzenden Pferdes fest und stachen mit dem Knochendolch auf das Tier ein.

Fallgruben wurden angelegt, um größere Wildtiere wie Mammut oder Wollnashorn zu fangen. Die Gruben hob man meist in der Nähe von Wasserstellen aus und deckte sie mit Reisig ab. Sobald ein Tier zur Tränke kam und in die Grube gestürzt war, wurde es von den lauernden Jägern mit Steinen, Keulen und Speeren getötet.

Feuerjagden fanden vor allem in den Grassteppen statt. Die Urmenschen machten sich dabei die natürliche Furcht der Tiere vor dem Feuer zunutze. Um eine entdeckte Herde von Wildtieren wurde ringförmig das Gras in Brand gesteckt. Der Ring blieb an einer Stelle offen. Hier konnten die fliehenden Tiere erlegt werden. Manchmal umzingelte man eine Herde und trieb sie mit Fackeln über einen Abgrund oder in eine Schlucht.

Horde ist der Zusammenschluß mehrerer steinzeitlicher Familien zum gemeinsamen Jagen und Sammeln. Aus der Horde entstand später der festgefügte Stammesverband.

Klippenjagd war eine von den steinzeitlichen Jägern oft verwendete Jagdart. Nicht nur Wildpferde, sondern auch anderes Großwild wie Rentiere und Hirsche wurden bei der Treibjagd über einen Abgrund hinuntergetrieben (Bild).

Pferde als Jagdbeute

Das Pferd wird Zug- und Reittier

Domestikation ist das Fremdwort für Haustierwerdung. Man versteht darunter die Zähmung von Wildtieren oder die Züchtung von Kulturpflanzen aus Wildformen zum Nutzen des Menschen. Alle unsere Haustiere sind aus Wildtieren gezüchtet worden.

Räder wurden vor 6000 Jahren wahrscheinlich in Indien erfunden. Damit entstand der Karren. Unter dem Karrenboden wurde eine Achse befestigt. Darauf steckte man zwei Scheibenräder, die sich mit der Achse oder um diese drehten. Die Vollscheibenräder waren anfangs Abschnitte von Baumstämmen. Später hat man sie aus einzelnen Brettern zusammengesetzt, die mit Klammern zusammengehalten wurden (**4**). Als Radreifen diente ein mit Nägeln befestigter Lederriemen.

DIE DOMESTIKATION des Pferdes begann erst spät in der Geschichte der Menschheit. Jahrtausendelang hatten die Menschen im Wildpferd nichts anderes als ein jagdbares, wohlschmeckendes Tier gesehen. Dabei kannten sie schon den Hund als Hausgenossen. Vor etwa zehntausend Jahren kamen das Schaf, die Ziege und das Rind als Haustiere hinzu. Sie lieferten sozusagen Fleisch auf Vorrat. Durch die **Domestikation** dieser Tiere wurde der Mensch unabhängig vom Jagdglück. Er machte sich als Ackerbauer seßhaft, pflanzte Getreide an und schlachtete seine Haustiere.

Auch das Pferd hielt man ursprünglich nur zu dem Zweck, Fleisch zu liefern. Dabei war es wesentlich schwieriger, ein Wildpferd zu zähmen als ein Schaf oder ein Rind. Das scheue Wesen des Pferdes, seine Wildheit und die ständige Bereitschaft zur Flucht waren schlechte Eigenschaften für ein Haustier. Wenn es mit den Hinterhufen auskeilte oder mit den starken Zähnen zubiß, konnte es gefährlich werden. Einige Pferde gewöhnten sich wohl an die Nähe des Menschen und brachten Junge zur Welt.

Schleife, Schlitten, Rad und Wagen

Das Pferd wurde vermutlich zwischen den Jahren 4000 und 3000 vor Christus zum erstenmal gezähmt. Die Hirtenvölker in den Steppenländern zwischen Europa und Asien verspeisten zwar die aufgezogenen Pferde ebenso wie die erjagten. Allmählich kamen die Menschen aber auch darauf, Pferde als Zugtiere zu verwenden. Sie ließen sie die **Zeltstangenschleife** ziehen, wie es die wandernden Hirten im nördlichen Asien später mit halbwilden Rentieren taten. Aus dieser Stangenschleife entwickelte sich das **Schleppgerüst** und der **Schlitten.** Mit der Erfindung des **Rades** entstand dann bald der Wagen. Man hat in der Stadt Ur in Mesopotamien ein Königsgrab gefunden, das Mosaikbilder von vierrädrigen Streitwagen enthielt. Diese Wagen stammten aus der Zeit um 2500 v. Chr. Als Zugtiere waren jedoch Halbesel vorgespannt. Pferde wurden im Zweistromland erst um das Jahr 2000 v. Chr. zum Ziehen verwendet. Und auf den Gedanken, ein Pferd zu besteigen und es zu reiten, kamen die Menschen im Tiefland noch später. Wahrscheinlich fürchteten sie noch immer seine Wildheit.

Schleppgerüste oder Schleppbahren (**2**) waren die sinnvolle Weiterentwicklung der Stangenschleife. Man verband zwei Stangen durch Leitern und erhielt so eine Ladefläche.

Schlitten erfand man in den schneereichen Gebieten Nordasiens. Sie dienten den Wanderhirten auch im Sommer als Transportmittel. Man baute später Kastenschlitten (**3**).

Zeltstangenschleife (**1**) ist die Bezeichnung für die älteste Transportart. Die Zelte der Hirten bestanden aus zusammengenähten Fellen oder Filzstücken, die über die Zeltstangen gelegt wurden. Wenn die Zelte abgebrochen waren, band man die Stangen am Hals der Pferde fest, und ließ die Enden am Boden nachschleifen.

Das Pferd wird Zug- und Reittier

Anschirrungen für Esel bestanden wie bei Ochsen aus einem hölzernen Doppeljoch, das man hinter den Nacken legte. Daran war die Wagendeichsel befestigt. Für Pferde verwendete man im Altertum ein V-förmiges Joch und machte es mit einem Halsriemen fest, der aber stark drückte.

Kikkuli stammte aus einem Reich Mitanni im Norden Mesopotamiens. Als Stallmeister eines Hethiterkönigs verfaßte er um das Jahr 1350 v. Chr. eine Zucht- und Ausbildungsvorschrift für Streitwagenpferde. Das Pferdetraining nach Kikkuli dauerte 184 Tage.

Mesopotamien oder „Land zwischen den Strömen", nämlich dem Euphrat und Tigris, gilt als ältestes Kulturland. Das Gebiet in Vorderasien deckt sich heute mit dem Irak.

DIE WAGEN im Altertum waren zwei- und vierrädrig. Fahrzeuge mit vier Rädern dienten häufig als **Prunkwagen** für Könige und Priester. Für den Kampf waren sie weniger geeignet, da man sie nur schwer lenken konnte und deshalb langsam fahren mußte. So wurden sie weiterhin von Eseln und Ochsen gezogen.

Mit der Entwicklung leichter zweirädriger Wagen in **Mesopotamien** konnte das Pferd als Zugtier besser eingesetzt werden. Man mußte dazu erst die bei Eseln üblichen **Anschirrungen** verändern. Seit dem zweiten Jahrtausend vor Christus galt der neue zweirädrige **Streitwagen** als schnellstes Pferdegespann. Inzwischen hatte man auch gelernt, mit den Steppentieren aus Asien umzugehen. In der heutigen Türkei entdeckte man die Hauptstadt des untergegangenen Hethitervolkes und fand eine Bibliothek mit zahlreichen Tontafeln in Keilschrift. Darunter war auch eine Trainingsanweisung für Pferdegespanne. Sie stammte von einem Mann namens **Kikkuli** aus dem Pferdeland Mitanni. Die kriegerischen Hethiter hatten viele Kampfwagen.

1

2

Transport und Verkehr im Altertum

Die Streitwagen verbreiteten sich über alle Länder der damaligen Welt. Aber stets blieb das Fahren den Herrschern oder vornehmen Kriegern vorbehalten. Ein Streitwagengespann kostete viel Geld. In Griechenland fuhr man zwar damit zum Kampf, stieg aber dann meist ab und kämpfte zu Fuß. Bald wurden die Streitwagen kaum mehr im Kampf, sondern als Jagd- und Rennwagen verwendet. Die Reiterei war in unwegsamem Gelände den Wagen überlegen.
Als die Römer ihr riesiges Reich mit einem Netz gut ausgebauter Straßen überzogen, wurde das schnellere Pferd zum wichtigsten Zugtier. Unter Kaiser Augustus um das Jahr Null gab es im ganzen römischen Reich über achtzigtausend Kilometer gepflasterter Fernstraßen. Augustus richtete auch einen staatlichen Postdienst mit Reitpferden, Maultieren und Kutschen ein. Alle zehn Meilen war eine statio, ein Halteplatz mit Pferdewechsel. An jeder dreißigsten Meile stand ein Rasthaus. Das Fahren im **Reisewagen** blieb weiterhin das Vorrecht vornehmer Römer. Das Volk ging zu Fuß. Schwere Lasten zogen Rinder und Esel.

Prunkwagen wie der babylonische Königswagen aus Mesopotamien (**3**) für Herrscher und Priester waren zwei- oder vierrädrig. Gewöhnlich zogen vier Pferde.

Reisewagen kamen erst in der Römerzeit auf. Zwei- und vierrädrige Kutschen wurden von Privatleuten gefahren. Die staatliche Post benützte meist verdeckte Planwagen (**4**). Diese legten mit Pferdewechsel etwa 100 Kilometer täglich zurück.

Streitwagen mit leichten Speichenrädern aus Pappelholz waren Kriegsfahrzeuge. Die Wagen wurden meist von zwei Pferden gezogen und hatten gewöhnlich zwei Mann Besatzung, den Wagenlenker und den Kämpfer (**2**). Aus dem Streitwagen wurde später ein Jagdwagen, den auch die Etrusker (**1**) benutzten.

3

4

Das Pferd wird Zug- und Reittier

Römische Wagenrennen

DIE GRIECHEN hielten schon im zweiten Jahrtausend vor Christus Wettkämpfe zu Ehren ihrer Götter und Helden ab. Als große Pferdefreunde führten sie bei der fünfundzwanzigsten **Olympiade** auch Wagenrennen mit Viergespannen über acht Runden ein. Der Sage nach geht dieses Rennen auf den König Oinomaos zurück. Er wollte seine Tochter nur jenem Mann zur Frau geben, der ihn im Rennen im Streitwagen besiegte. Dies gelang **Pelops** mit einem Gespann vier geflügelter Pferde. Von den Griechen stammt auch die wahrscheinlich älteste Reitlehre Europas. Sie wurde von dem Staatsmann und Feldherrn **Xenophon** verfaßt. Zu seiner Zeit kannte man in Griechenland neben dem Wagenrennen auch schon das Pferderennen.
Bei den Römern fanden Rennen für Zweier- und Vierergespanne im **Circus Maximus** statt. Er faßte zur Zeit Cäsars etwa hundertfünfzigtausend Zuschauer. Die Arena des Circus war etwa 600 Meter lang und 100 Meter breit und von einer 6 Meter breiten Mittelachse geteilt. Die Säulen an den Endpunkten dieser Achse bildeten die Wendepunkte der Rennbahn. Die größte Schwierigkeit für die stehenden **Wagenlenker** bestand darin, diese Wenden in einer möglichst scharfen Kurve zu umfahren. Es starteten gleichzeitig je vier Gespanne. Sie mußten die Achse in der Bahnmitte siebenmal umrunden. An den Wendepunkten kam es häufig zu tödlichen Zusammenstößen.
In der Kaiserzeit fanden oft dreißig bis vierzig Rennen am Tag statt. Sie wurden ähnlich wie heute Autorennen von Großunternehmern veranstaltet. Diese stellten die Streitwagen, die Pferde und bezahlten die Wagenlenker. Erfolgreiche Wagenlenker konnten es wie unsere Autorennfahrer zu Ruhm und viel Geld bringen. Sie riskierten dabei aber auch ihr Leben.

Circus Maximus war der größte Zirkusbau im alten Rom. Diese Arena soll nach ihrem Ausbau im Jahr 100 nach Chr. unter Kaiser Trajan 385 000 Menschen Platz geboten haben. Im Eingangstor lagen die Pferde- und Wagenboxen. Von hier starteten die Gespanne, nachdem die Gitter hochgezogen wurden.

Olympiade nennt man den Zeitraum von vier Jahren, nach denen die Griechen zu Ehren ihres Gottes Zeus jeweils Spiele in Olympia abhielten.

Pelops, eine Figur aus der griechischen Göttersage, bekam vom Meeresgott Poseidon ein Viergespann mit geflügelten Pferden. Damit besiegte er das Zweigespann des Königs Oinomaos, dessen beide Rösser schnell wie der Nordwind waren.

Wagenlenker waren häufig Kriegsgefangene und damit Sklaven ihrer Herren. Sie trugen verschiedenfarbige Gewänder. Nach diesen Farben gab es unter den Zuschauern vier Parteien, die jeweils ihren Favoriten anfeuerten. Erfolgreiche Fahrer wurden freigelassen und fuhren dann für Geld.

Xenophon schrieb um das Jahr 369 vor Chr. eine Abhandlung über die Reitkunst. Sie gilt heute noch als eine der Grundlagen für das Reiten.

Das Pferd wird Zug- und Reittier

Bogenschützen brachten den Reitervölkern ihre große Überlegenheit im Kampf. Fast alle Nomaden hatten den doppelt gekrümmten Reflexbogen. Damit schossen sie aus mehreren hundert Metern Entfernung vom galoppierenden Pferd ihre Pfeile zielsicher ab.

DAS PRZEWALSKI-PFERD war es vermutlich, welches das Leben der Hirten in den Steppen **Eurasiens** von Grund auf veränderte. Dieses kleine, ramsnasige **Wildpferd** mit der kurzen Stehmähne und dem dunklen Aalstrich auf dem gelblichen Fell hat Geschichte gemacht. Sie begann vor etwa fünftausend Jahren, als die umherziehenden Nomaden das erste **Equus** ihren Rinderherden eingliederten.

Reitervölker der Steppe

Seinem Wesen nach ist das Pferd ein scheues Fluchttier, das bei der geringsten Gefahr Reißaus nimmt. Jede Last auf dem Rücken wirft es zunächst ab, da es darin eine Gefahr wittert. Welch mutige Tat muß es gewesen sein, ein kaum gezähmtes Wildpferd zu besteigen und zu reiten! Das geschah zum erstenmal vermutlich in **Turkestan.** Gleichzeitig begann auch die planmäßige Pferdezucht. Aus dem kleinen Przewalski-Pferd entwickelte sich so allmählich ein größeres Reittier.

Im dritten Jahrtausend vor Christus durchstreiften wohl die ersten berittenen Hirten die eurasischen Steppen. Sie saßen auf dem blanken Pferderücken und lenkten ihre Tiere nur mit einem einfachen Nasenriemen und durch Schenkeldruck in die Flanken. Alle berittenen Nomaden konnten jetzt größere Herden zusammenhalten und weite Strecken zurücklegen. Häufig drangen sie in Gebiete fremder Nomadenstämme ein. Wenn es zum Kampf um die besten Weideplätze kam, waren die Berittenen im Vorteil. Aus den friedlichen Hirten wurden so kriegerische Reitervölker, die mehr und mehr auf Eroberung und Raub ausgingen.

Aus Sibirien drang um das Jahr 700 v. Chr. ein wildes Reitervolk bis in den Süden Rußlands an das Schwarze Meer vor. Es waren die **Skythen,** hervorragende Pferdezüchter, Reiter und **Bogenschützen.** Sie ritten kleine, aber kräftige Pferde ohne Steigbügel, nur mit einer einfachen Satteldecke. Im Anreiten schossen sie einen Pfeilhagel ab, warfen die Pferde aus dem Galopp herum und schickten im Wegreiten einen erneuten Pfeilhagel auf den Feind. Der Vater der Geschichtsschreibung, **Herodot,** hat diese gefürchteten Nachbarn der Griechen und Perser ausführlich geschildert. Einige Jahrhunderte lang waren die Skythen das mächtigste und reichste Volk am Schwarzen Meer.

Equus ist die lateinische Bezeichnung für die Gattung Pferd. Equus caballus ist das Pferd, equus asinus der Esel und equus quagga das Zebra.

Eurasien nennt man auch die beiden Erdteile Europa und Asien zusammen.

Herodot lebte im 5. Jahrhundert vor Christus in Griechenland. Er unternahm weite Reisen und verfaßte eine Geschichte der Griechen, wobei er auch andere Völker beschrieb.

Skythen bildeten ein Volk aus verschiedenen Reiterstämmen in Südrußland am Don und an der Wolga. Sie waren Nomaden, die in Zelten und abgedeckten Wagen hausten. Neben dem Bogen war ein kurzes Schwert ihre Hauptwaffe.

Turkestan, ein riesiges Steppengebiet in Zentralasien, gehört heute westlich zur Sowjetunion, im Osten zu China.

Wildpferde sind die Vorfahren unserer heutigen Pferderassen. Man ist allgemein der Ansicht, daß das Przewalski-Pferd (Bild) das ursprüngliche Pferd der mongolischen Steppenvölker war, von dem alle anderen Rassen abstammen. Manche sehen auch im ausgerotteten europäischen Tarpan einen Vorfahren der orientalischen Rassen.

Das Pferd wird Zug- und Reittier

Hsiung-nu hieß ein Nomadenstamm türkischer Abstammung, den man als Vorläufer der Hunnen ansieht. Sie bevölkerten vor über zweitausend Jahren die Mongolei und hatten ein Heer von mehreren hunderttausend Reitern.

Hunnen (Bild) kamen aus dem Innern Asiens im 4. Jahrhundert bis nach Ungarn. Von der Donau aus drangen diese Reiterstämme nach Frankreich vor, wo sie im Jahr 451 von den Römern und Westgoten besiegt wurden. Als ihr König Attila im Jahr 453 starb, zerfiel das Hunnenreich.

Jurte nennt man das kegelförmige Rundzelt der Nomaden Asiens. Es besteht aus Filz, den man aus feuchten Tierhaaren und Wolle herstellt, die so lange geklopft werden, bis sich die Fasern miteinander verbinden.

Mongolen unter ihrem Herrscher Dschingis-Khan besiegten im 12. Jahrhundert ganz Asien und stießen bis an die Grenzen Europas vor. Jeder Reiter des gewaltigen Heeres hatte mehrere Pferde zum Wechseln.

Nomadenkleidung der asiatischen Reiter bestand vor allem aus enganliegenden wollenen Hosen und dem leichten Gürtelrock. Die Füße steckten in weichen Lederschuhen. Am Gürtel hing die Pfeiltasche. Die Hunnen trugen den Köcher auf dem Rücken.

Der Kampfesweise der Skythen und anderer Reitervölker hatten die aus Streitwagen und Fußsoldaten bestehenden Heere wenig entgegenzusetzen. Selbst die Perser und die Römer wurden von den anstürmenden Reiterscharen mehrmals besiegt.
Auch in China verließ man sich noch lange auf die Streitwagengespanne. Die **Hsiung-nu** in den Steppen und Wüsten nördlich des chinesischen Kaiserreiches beunruhigten durch ständige Raubzüge das große chinesische Reich. Wie die Skythen lebten sie in **Jurten** und hatten keine festen Städte. Und wie diese waren sie hervorragende Bogenschützen und grausame Krieger. Auf ihren schnellen Pferden preschten sie heran, schossen ihre Pfeile ab und zogen sich sofort wieder zurück, um erneut anzugreifen. Erst als der chinesische Kaiser Wu-ling die Ausrüstung seines Heeres mit der **Nomadenkleidung** und die Ausbildung berittener Bogenschützen befahl, konnten die Hsiung-nu zurückgetrieben werden. Die Chinesen dehnten ihr Reich nun immer weiter nach Westen aus. Die Steppenvölker wurden nach und nach von ihren Weidegründen verdrängt. Diese überfielen ihrerseits wieder westliche Nachbarn. Die so erzwungenen Wanderbewegungen führten zu der in der Geschichte bekannten Völkerwanderung.
Auf diese Weise kam im 5. Jahrhundert nach Christus ein gefürchtetes Reitervolk der östlichen Steppen bis weit nach Mitteleuropa und sogar an den Rhein: die **Hunnen** unter ihrem König Attila. Wo sie auftauchten, verbreiteten sie Angst und Schrecken. Noch grausamer waren die **Mongolen.** Sie hatten im frühen Mittelalter ein riesiges Reich von der Chinesischen Mauer bis an die Adria. Nur mit Hilfe von Pferden konnten die hervorragenden Reiter so gewaltige Entfernungen zurücklegen und so viele Völker besiegen.

Reitervölker der Steppe

Die Zeit der Ritter

Beinzeug bestand aus den Beinröhren für die Oberschenkel und den Beinschienen für die Unterschenkel, die durch die bewegliche Kniekachel verbunden wurden. Die Panzerschuhe oder Bärenlatschen bildeten den Abschluß. Sie besaßen lange, meist radförmige Sporen, damit der Ritter unter dem Roßharnisch die Flanken des Pferdes erreichte.

Harnisch bezeichnet die gesamte Ritterrüstung, meist auch nur die Teile zum Schutz des Oberkörpers. Der Brustharnisch wurde je nach Form Kugelbrust oder Gansbauch genannt. Der Oberkörper steckte in einem Brust- und Rückenstück, an dem die Einzelteile der Rüstung befestigt wurden. Das Bild (**1**) zeigt einen Turnierharnisch mit Kugelbrust.

Helme konnten verschiedene Formen haben. Bei voller Rüstung wurde das Visier heruntergeklappt und bildete den Gesichtsschutz. Topfhelme bestanden aus einem Stück.

Kettenhemd oder Kettenpanzer hatten die Ritter schon im 10. Jahrhundert. Ein solcher Schutz gegen Schwerthiebe und Lanzenstiche bestand aus zusammengenieteten Ringen oder Metallschuppen. Die Anfertigung war sehr schwierig und kostspielig. Darüber trug man bei Hitze eine Art Rock, der mit dem Wappen des Ritters geschmückt war.

1

2

Gepanzerte Rösser

DIE RITTER des Mittelalters waren keine besonders guten Reiter. Es wird behauptet, die meisten hätten nur geradeaus reiten können. Das mag für die vollgepanzerten Krieger gegen Ende des fünfzehnten Jahrhunderts vielleicht sogar stimmen. Denn die schweren **Ritterpferde** konnten mit ihrer großen Last sicher keine schnellen Wendemanöver ausführen. Die Ritter früherer Jahrhunderte dagegen ritten leichte, schnelle Pferde. Als Schutz trugen sie nur das **Wams,** den **Schild** und den **Helm,** besonders wohlhabende Krieger auch ein **Kettenhemd.**

Allmählich hüllten sich die Kämpfer jedoch von Kopf bis Fuß in Eisen. Eine vollständige **Ritterrüstung** wog zwischen dreißig und vierzig Kilogramm! Über das Kettenhemd wurde jetzt noch der **Harnisch** geschnallt. Die Beine umhüllte man mit eisernem **Beinzeug.** Damit der Ritter Arme und Beine bewegen konnte, befanden sich Scharniere an den Ellbogen- und Kniegelenken. Die Füße steckten in Panzerschuhen mit langen Sporen, die Hände waren durch eiserne Fäustlinge oder Fingerhandschuhe geschützt. Auf dem Kopf trug der Ritter eine Helmhaube. Sie milderte den Druck des schweren Helms. Beim Anlegen der Rüstung mußte sich der Ritter von seinem Knappen helfen lassen. Der Knappe hob seinen Herrn auch aufs Pferd.

Aber nicht nur der Ritter war gepanzert. Den Sattel belegte man vorn und hinten mit Eisenplatten. Auch der Zügel war so geschützt, damit ihn der Feind nicht mit einem einzigen Schwerthieb durchtrennen konnte. Der Ritter hätte sonst die Herrschaft über sein Pferd verloren. Dem Pferd selbst legte man in späterer Zeit einen vollständigen **Roßharnisch** an. Als Kopfpanzer trug es eine **Roßstirn.** Insgesamt schleppte ein solches Schlachtroß der späten Ritterzeit wohl an die zweihundert Kilogramm in den Kampf.

Ritterpferde waren zur Zeit der vollgerüsteten Ritter schwere Kaltblutpferde wie das englische Shirehorse. Meist führten die Ritter ein leichteres Reitpferd mit und stiegen erst vor dem Kampf in voller Rüstung auf ihr Streitroß.

Ritterrüstungen bestanden bis zum 13. Jahrhundert nur aus dem Kettenhemd, über dem man später eine zweite Schutzhülle aus Leder trug. Diese war mit Platten oder Schienen besetzt. Daraus entwickelte sich die Plattenrüstung, der Harnisch.

Roßharnische zum Schutz des Pferdes bestanden aus dem Halspanzer, dem spitz zulaufenden Brustharnisch oder Fürbug sowie dem Gelieger (**2**) für die Kruppe. Dazu kam die Roßstirn.

Roßstirn war eine Eisen- oder Stahlplatte mit Augen- und Ohrenschutz, die dem Pferd vor die Stirn gebunden wurde.

Schilde dienten dem Ritter zum Abfangen von Lanzenstichen und zur Deckung vor Schwerthieben. Schon die frühen Reitervölker schützten sich mit Schilden vor Pfeilen und Speeren.

Wämser aus Leder, die später mit Platten aus Horn, Bronze oder Eisen besetzt waren, besaßen schon die Römer und die Germanen. Das Wams war ärmellos.

Die Zeit der Ritter

Kreuzritter aus vielen mitteleuropäischen Ländern brachen zum erstenmal Ende des zehnten Jahrhunderts nach Palästina auf, um das Heilige Land aus den Händen der Mohammedaner zu befreien.

Lanzen sind ursprünglich aus kürzeren Speeren entstanden, die die frühen Reitervölker als Wurfgeschoß verwendeten. Die Kriegslanze der Reiter wurde immer länger. Damit konnte man sich den Feind vom Leib halten. Eine besondere Lanzenform war die Hellebarde mit seitlichen Fortsätzen, um Klingenhiebe abzufangen.

Mohammedaner, so genannt nach ihrem Religionsgründer Mohammed, sind Anhänger des Islam. Diese Weltreligion entstand im 7. Jahrhundert in Arabien und verbreitete sich über viele Länder.

Morgenstern hieß ein besonderer eiserner Streitkolben, der mit Stacheln besetzt war. Es gab auch andere Formen dieser Streithämmer.

Orient nennt man alle Gebiete im Nahen Osten, die vor allem mohammedanisch sind. Zum Orient rechnet man auch die Türkei.

Schildknappen, die ihrem Herrn in der Schlacht als Waffenträger dienten, waren selbst unbewaffnet. Sie ritten kleine Pferde.

Die Waffen eines Ritters waren vor allem **Schwert** und **Lanze.** Diese wurden im Laufe der Zeit immer länger und behinderten das Reiten sehr. Die Heere von **Kreuzrittern,** die seit Beginn des 12. Jahrhunderts immer wieder in den **Orient** zogen, taten sich schwer gegen die schnelle Reiterei der **Mohammedaner.** Diese besaßen nicht nur die besseren Pferde, sondern sie ritten auch besser.
Trafen zwei europäische Ritterheere im Kampf aufeinander, so siegte gewöhnlich die Partei mit den meisten Panzerrittern. Da Streitroß und Rüstung ein Vermögen kosteten, gab es nur wenige eiserne Ritter. Sie wurden vom Fußvolk begleitet. Die Fußsoldaten kämpften mit Pfeil und Bogen. Jeder Ritter hatte zu seinem persönlichen Schutz seine **Schildknappen.**
Zu Beginn des Kampfes stellten sich die Berittenen in die vorderste Linie. Dahinter nahmen die Schildknappen Aufstellung, dann folgten die Bogenschützen. Zuerst preschten die Gepanzerten nach vorn. Jeder suchte sich einen Gegner und lieferte sich mit ihm einen Zweikampf. Ziel war es, den Feind mit der Lanze aus dem Sattel zu heben und gefangenzunehmen. Fiel ein Ritter vom Pferd, so war er nahezu unbeweglich und hilflos. Jetzt kamen ihm die Schildknappen zu Hilfe. Sie versuchten zuerst das wertvolle Streitroß aus dem Kampfgetümmel wegzuführen. Andere bemühten sich, ihren Herrn zu decken. Die Fußsoldaten beschossen den Feind unterdessen von der Seite her. Sie wollten möglichst die Pferde treffen: denn war das Roß tot, war der Ritter hin. Als die Panzerung immer vollkommener geworden war, ließ sich mit Pfeil und Bogen gegen die wandelnden Festungen nicht mehr viel ausrichten. Die Ritter schlugen jetzt mit dem **Morgenstern** aufeinander ein, um die Rüstungen aufzusprengen.

Gepanzerte Rösser

Das eiserne Roßzeug mitsamt dem Ritter in seiner Rüstung erforderte schwere, langsame Pferde. Man konnte nur kräftige Hengste verwenden. Eine Stute zu reiten, galt als unehrenhaft. Leichter gepanzerte Ritter bevorzugten Pferde aus spanischer Zucht, die aber am kostspieligsten waren. Die schweren Ritter gegen Ende des Mittelalters bestiegen am liebsten das „Große Englische Pferd“, das Shirehorse.

Schwerter haben schon die Steinzeitvölker benutzt. Das einschneidige Schwert entwickelte sich aus dem Messer, das zweischneidige im 10. Jahrhundert aus dem Dolch. Ritterschwerter waren über einen Meter lang mit Parierstangen am Griff, um Schwerthiebe abzufangen.

Die Zeit der Ritter

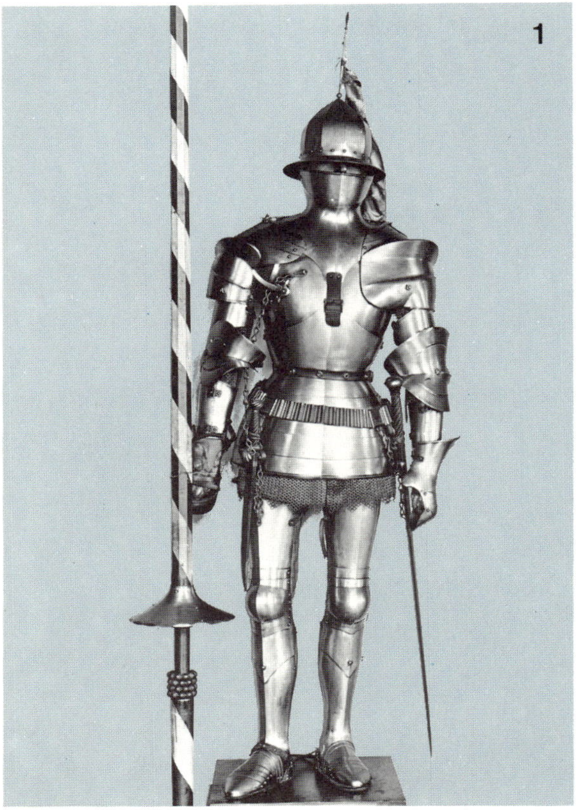

Kampfspiele im Mittelalter

DAS TURNIER war das glanzvollste Ereignis der Ritterzeit. Dieses Kampfspiel diente den Rittern vor allem dazu, sich im Umgang mit den Waffen zu üben. Entstanden ist diese Form des ritterlichen Zweikampfes in Frankreich und hat sich bald über ganz Europa verbreitet. Damals waren Turniere mit scharfen Waffen üblich. Man verwendete dabei Kriegsschwert und Kriegslanze. Mit Spielerei hatte das wenig zu tun. Bei einem solchen Turnier in Neuss bei Köln blieben im Jahr 1241 sechzig Tote auf dem Kampfplatz. Viele davon waren allerdings auch durch die Hitze und den Staub in ihren Rüstungen erstickt.

Die Regeln für ein Ritterturnier waren in den Turnierbüchern genau festgelegt. Scharfe Waffen, bei denen es auf Leben und Tod ging, wurden schon bald verboten. Das **Stechzeug** unterschied sich immer mehr von den Kriegswaffen. Man benutzte stumpfe Schwerter. Die Turnierlanzen waren nicht mehr spitz, sondern hatten eine dreizackige Krone. Beim Aufprall zerbrachen sie leicht.

Im wesentlichen gab es nur drei Turnierformen: die eigentliche **Turnei**, den **Tjost** und den **Buhurt**. Am Tjost und Buhurt durften nur Ritter teilnehmen. Das Freiturnier dagegen war ein großes **Gestech**, bei dem ganze Scharen von Rittern mit ihren Knechten gegeneinander kämpften. Einem Ritter waren nach den neuen Regeln höchstens drei **Knappen** erlaubt. Ziel der meisten Turnierkämpfe war es, den Gegner aus dem Sattel zu heben. Es gab allerdings auch Turnierspiele, bei denen man Gefangene machte. Das war die härteste Form der Auseinandersetzung, und das Spiel artete oft in eine wirkliche Schlacht aus. Fast alles war gestattet, nur die wertvollen Pferde durften nicht verletzt werden. Ein gutes Turnierpferd kostete im Jahr 1200 nach heutigem Geld immerhin rund fünfzigtausend Mark.

Buhurt (**3**) war eine Form des Turniers, bei dem zwei Mannschaften gegeneinander kämpften. Die Gefangenen mußten sich durch Lösegeld freikaufen.

Gestech oder Stechen ist der deutsche Ausdruck für Turnier. Man unterschied Stechen mit stumpfen Waffen und mit scharfem Schwert und scharfer Lanze.

Knappen wurden von erfahrenen Rittern für den Ritterstand erzogen. Sie dienten ihrem Herrn als Schild- und Waffenträger und durften als einzige außer den Kämpfenden auf die Turnierbahn.

Stechzeug nannte man die Turnierausrüstung. Dazu gehörte der Turnierharnisch mit der Turnierlanze und dem Schwert (**1**). Die fünf Meter lange Turnierlanze wog etwa 18 Kilogramm und wurde in einen Haken an der Rüstung eingelegt (**2**), damit sie der Ritter im Kampf halten und führen konnte.

Tjost hieß nach einem französischen Wort der eigentliche Zweikampf mit Lanze und Schwert. Wenn die Lanzen verstochen, das heißt zerbrochen oder aus der Hand geschleudert waren, wurde der Kampf häufig mit dem Schwert und zu Fuß fortgesetzt.

Turnei, das mittelhochdeutsche Wort für Turnier, war meist ein Massenkampf von Reiterscharen, jeder gegen jeden, bis einer Sieger über alle blieb.

Die Zeit der Ritter

Das Turnier fand auf einem freien Feld oder einem großen Platz statt. Am Rande des Turnierplatzes hatten die Ritter ihre Zelte aufgeschlagen. Längs der Turnierbahn waren Tribünen für die Zuschauer von hohem **Adel** aufgebaut. Der **Lehnsherr** nahm mit seiner Familie in einer prachtvoll ausgestatteten Loge Platz. Auf der Ehrentribüne saßen auch die Edelfräulein, für die sich die Ritter im Kampf bewähren wollten.

Der Turnierplatz war mit Fahnen und den **Wappenschilden** der Kämpfenden geschmückt. Um einen Gegner zum Zweikampf zu fordern, mußte ein Ritter den aufgehängten Schild mit der Lanze berühren. Wenn der **Herold** die Fanfare blasen ließ, war dies für die Gegner das Zeichen, in die Kampfbahn zu reiten. Man liest manchmal in Beschreibungen ritterlicher Turniere, die Ritter seien im gestreckten Galopp aufeinander losgeprescht. Davon kann natürlich keine Rede sein. Die Streitrosse waren viel zu schwer und hatten ein viel zu großes Gewicht zu tragen, als daß sie über einen mäßigen Trab hinausgekommen wären. Trotzdem erfolgte der Aufprall noch mit solcher Wucht, daß der schwächere Gegner aus dem Sattel flog. Harnisch und Roß des Besiegten gehörten dann dem Sieger. Das war ein schwerer Verlust. Besonders gute Turnierkämpfer machten aus der Rittertugend ein Geschäft. Sie zogen von Turnier zu Turnier. Als „Glücksritter" lebten sie vom Verkauf der erbeuteten Rüstungen und Pferde.

Auf Turnierveranstaltungen wurden auch andere Reiterspiele vorgeführt. Dazu gehörten das **Ringrennen** und das **Türkenstechen**. Bei allen Spielen, so ernst sie auch sein mochten, wurde das Leben der wertvollen Pferde geschont. Da auf dem freien Turnierplatz immer wieder Pferde zusammenstießen, hat man später Schranken errichtet.

Adel bildete den herrschenden Stand im Mittelalter. Zum hohen Adel zählten die Fürsten, die auch die höchsten Ämter innehatten. Den niederen Adel bildeten die Ritter, die den Kriegsdienst zu Pferd leisteten oder am Hofe des Königs dienten.

Herold war ein Beamter am Fürstenhof. Er überwachte die Turnierordnung und entschied, ob ein Ritter unbescholten war und am Turnier teilnehmen durfte.

Lehnsherren waren hohe Adelige oder Kirchenfürsten, die ihren Dienstleuten Land zu Lehen, eigentlich zur Nutzung, gaben. Dafür mußte der Belehnte oder Vasall Kriegsdienste leisten. Oberster Lehnsherr war der König.

Ringrennen, auch Ringelstechen genannt, war ein Geschicklichkeitsspiel. Der Ritter mußte dabei in vollem Galopp mit der Lanze einen kleinen Ring aufspießen.

Türkenstechen nannte man das Zielen mit der Lanze auf eine drehbare Figur. Nur ein Treffer an der Stirn zählte. War der Reiter ungeschickt, dann drehte sich die Figur um die eigene Achse und erteilte ihm einen Schlag.

Wappenschilde zeigten die Herkunft des Ritters an. Manchmal verhängte ein Ritter seinen Schild, um bis zum Ende des Turniers unerkannt zu bleiben.

Kampfspiele im Mittelalter

Pferde im Krieg

Alexander der Große wurde mit 20 Jahren Herrscher von Griechenland, besiegte Persien und eroberte große Teile von Asien. Er starb im Jahre 323 vor Christus, erst 33 Jahre alt. Sein Hengst „Bukephalos" gilt als berühmtestes Pferd der Geschichte. Alexander soll den feurigen Hengst, den niemand reiten konnte, als fünfzehnjähriger Knabe gezähmt haben.

Husar kommt von dem ungarischen Husz (= 20). Für 20 Fußsoldaten konnte ein Berittener als Ersatz gestellt werden. Viele Staaten hatten Husaren als leichte Reiter und übernahmen auch deren Ausrüstung: die enge Reithose, die Schaftstiefel, die hohe Pelzmütze, die über den Arm geworfene Jacke aus Wolfs- oder Fuchsfell sowie Säbel oder Degen, Karabiner und Pistole.

Kavallerie ist die zu Pferd kämpfende Truppe. Zur schweren Kavallerie mit leicht gepanzerten Reitern und kräftigen Pferden zählten die Kürassiere, zur leichten gehörten die Husaren. Dragoner (Bild), Ulanen und Jäger waren mittelschwere Reiter.

Napoleon, Kaiser der Franzosen, gilt neben Alexander dem Großen als bedeutendster Feldherr. Auch sein Pferd, der arabische Schimmelhengst „Vizir", ging in die Geschichte ein. Er trug Napoleon von Paris nach Moskau und kehrte mit der Armee wieder zurück.

DIE KAVALLERIE bildete bei vielen Völkern des Altertums nur einen kleinen Teil der Streitmacht. Im römischen Heerwesen wurde sie meist als Hilfstruppe für die schwerbewaffneten Fußsoldaten eingesetzt. Dabei taten sich besonders die unterworfenen Reitervölker aus Nordafrika hervor, die vorzügliche Pferde hatten.

Auch die Stärke der Perser, die eine große Anzahl von Pferden besaßen, begründete sich mehr auf die Streitwagen als die **Kavallerie**. Nach dem griechischen Geschichtsschreiber Herodot gab es im Reich der Perser etwa eine Million Soldaten. Rund hunderttausend waren als Kampfreiter ausgebildet. Hinzu kamen etwa fünftausend Streitwagen. Diese gewaltige Übermacht besiegte einer der bedeutendsten Heerführer der Geschichte: **Alexander der Große**. Er führte neben dreißigtausend Fußsoldaten nur fünftausend Reiter an. Die schweren Reiter trugen Helm, Schuppenpanzer, Beinschienen und Schild. Sie waren mit langen Speeren, Wurfspießen und Schwertern bewaffnet. Die leichte Reiterei kämpfte ohne Schild und Panzer.

Die gepanzerten Ritter des Mittelalters konnten jahrhundertelang den mit Pfeil und Bogen, Lanze und Schwert ausgerüsteten Reiterscharen aus dem Osten widerstehen. Doch je mehr Eisen sie anlegten, desto unbeweglicher wurden die Ritterheere. Da kam mit Beginn der Neuzeit in Ungarn die Kampfesweise der **Husaren** auf. Die ungarischen leichten Reiter preschten wie einst die Hunnen und Mongolen auf schnellen Pferden heran. Sie kämpften mit dem blanken Säbel und hatten nach der Erfindung des Schießpulvers auch Karabiner und Pistolen. Die europäischen Könige und Fürsten richteten jetzt nach dem Vorbild der Ungarn Reiterheere ein. Diese gut ausgebildete Kavallerie entschied bis in unser Jahrhundert die Schlachten.

Schwere und leichte Reiterei

Eine der größten Reiterschlachten der Geschichte fand bei **Waterloo** zwischen den Franzosen und den Engländern statt. Dort kämpften neben einem Heer von Fußsoldaten fünfzehntausend französische gegen siebzehntausend englische Reiter. Der französische Kaiser **Napoleon** verlor diesen Kampf. Auf dem Schlachtfeld blieben fünfzigtausend tote Soldaten und über zwanzigtausend tote Pferde!

Waterloo liegt in der Nähe von Brüssel. Dort fand die wohl schwerste Reiterschlacht der Geschichte statt. Napoleon wurde im Juni 1815 bei Waterloo von den Preußen unter Fürst Blücher und den Engländern unter Herzog von Wellington besiegt (Bild: schottische Dragoner).

Pferderassen

Alter von Pferden läßt sich an der Körperform, den Haaren und dem Gebiß feststellen. Alle Pferde werden am 1. Januar ein Jahr älter. Großpferde werden durchschnittlich 20 bis 25 Jahre alt. Man kennt Pferde, die 50 Jahre alt geworden sind. Ponys erreichen manchmal ein Alter von 60 Jahren.

DAS EXTERIEUR (sprich: Exteriör) ist die fachmännische Bezeichnung für das Aussehen eines Pferdes. Pferdefachleute beurteilen ein Pferd nach **Vorderhand, Mittelhand** und **Hinterhand**. Wenn diese Körperteile im richtigen Verhältnis zueinander stehen und das Pferd in seinem Äußeren lang und rechteckig erscheint, gilt es als ebenmäßig und schön. Seine Größe wird mit dem **Stockmaß** angegeben.

Körperbau des Pferdes

Ein Kenner begutachtet beim Pferdekauf etwa fünfzig verschiedene Körperpunkte. Die meisten haben in der Reitersprache besondere Bezeichnungen. So redet man von Nüstern und meint die Nasenlöcher. Ganaschen heißen die Kinnbacken. Den Ansatz des Schweifes nennt man Schweifrübe, und unter Hosen sind die Muskeln zwischen Lende und Sprunggelenk zu verstehen. Vergleichbar hoch liegt bei einem Pferd auch das Knie. An den vorderen Gliedmaßen liegt der Ellbogen in gleicher Höhe. Unserem Fußgelenk entspricht das Sprunggelenk des Pferdes. Wir müssen dabei bedenken, daß das Pferd ja auf Zehenspitzen läuft. Der **Huf** ist also nur die stark verhornte Spitze des Pferdefußes, der bis zum Sprunggelenk reicht. Die Krone entspricht dem zweiten Glied unserer Zehen oder Finger. Auf diese folgt die Fessel. Viele Pferde haben hier einen starken Behang aus Haaren, die Kötenzöpfe.

Wer ein Pferd erwirbt, schaut sich dessen **Beinstellung** an. Das Tier soll einen kräftigen, schön geschwungenen Hals haben. Ist er nach oben gebogen wie bei einem Hirsch oder nach unten wie bei einem Schwan, gilt dies als Schönheitsfehler. Der Rücken muß nach dem geraden Mähnenkamm und dem höchsten Punkt des Rückens, dem Widerrist, leicht vertieft sein, damit der Sattel gut aufliegt. Kräftige Pferde haben eine starke Brust und eine breite, meist abfallende Kruppe.

Fachleute erkennen den Wert und Zustand eines Pferdes schon am Kopf: Ein edles, gesundes Tier hat große, wache Augen und gespitzte Ohren. Ein Pferd mit mattem Fell und starkem Hohlkreuz ist alt und krank. Das **Alter** eines Pferdes läßt sich ziemlich genau an den **Zähnen** feststellen. Deshalb schaut ein Pferdehändler immer zuerst die Zähne an. Nur einem geschenkten Gaul schaut man nicht ins Maul.

Beinstellungen der Hinter- und Vorderbeine sollen vom Knie und Ellbogen abwärts möglichst senkrecht sein. Schlechte Hinterbeinstellungen sind zum Beispiel X-Beine und O-Beine. Die Vorderbeine dürfen nicht zu eng oder zu weit stehen.

Hinterhand ist der Teil des Pferdes von der Hüfte bis zum hintersten Punkt der Kruppe, der Schweifrübe.

Hufe bestehen beim gesunden Tier aus festem, zähen Horn. Der Hornschuh umschließt das empfindliche Hufbein, das Endglied der Zehe. Das Horn wächst vom Saum der Krone abwärts.

Mittelhand nennt man den Teil zwischen Widerrist und Lende des Pferdes.

Stockmaß gibt die Höhe eines Pferdes in Zentimetern an. Man mißt dabei das stehende Pferd vom Boden bis zum höchsten Punkt des Widerrists mit einem Meßstab und einer Querlatte.

Vorderhand ist der Teil des Pferdekörpers vom Kopf und der Brustspitze bis zum Ende des Widerrists.

Zähne erlauben bei Pferden die genaueste Altersbestimmung. Die Reibflächen der Schneidezähne haben Vertiefungen, die Kunden, die durch Abnützung verschwinden. Außerdem verändert sich die Zahnform mit dem Alter.

Pferderassen

Bastarde sind Kreuzungen zwischen Tieren verschiedener Art. Im allgemeinen können sich solche Züchtungen nicht fortpflanzen.

Halbesel stehen zwischen Wildpferd und Wildesel. Es gibt drei Unterarten dieser Pferdeesel: den persischen Onager, den tibetischen Kiang und den mongolischen Kulan. Sie bevölkerten einst in großen Herden die Steppen Asiens. Der Onager diente als Zugtier für Streitwagen.

Hausesel (**2**) erreichen Schulterhöhen von 80 bis 150 Zentimeter. Sie sind grau, braun oder schwarz.

Maultier (**4**) heißt der Nachkomme eines Eselvaters mit einer Pferdemutter. Es ist größer als ein Esel, trittsicher und schwindelfrei und im Gebirge als Tragtier geschätzt. Der kleinere Maulesel stammt aus der Kreuzung einer Eselin mit einem Pferd. Beide Bastarde pflanzen sich nicht fort.

Wildesel kamen in Afrika in zwei Unterarten vor, dem kleineren nubischen und dem Somali-Wildesel (**3**) mit etwa 130 Zentimeter Schulterhöhe. Sie sind schnelle Trippler.

Zebras leben noch in drei Unterarten: das am weitesten verbreitete Steppenzebra (**1**), das wildeselähnliche Bergzebra und das ostafrikanische Zebra.

DIE PFERDEFAMILIE besteht nur aus einer einzigen Tiergattung mit insgesamt vier verschiedenen Hauptarten. Sie sind der Rest einer einstmals weitverzweigten Familie der Einhufer. Die bedeutendste Gruppe bilden als Nachkommen der Wildpferde heute die Hauspferde. Von ihnen hat man so viele Rassen gezüchtet, daß nur wenige Pferdefachleute sie auseinanderhalten können. Daneben hat das Pferd noch einige wildlebende Vettern, die aber nahezu ausgestorben sind. Dazu gehören die **Wildesel** und die **Halbesel**, die vermutlich noch vereinzelt in schwer zugänglichen Wüsten- und Gebirgsgegenden vorkommen.
Von den afrikanischen Wildeseln stammt unser **Hausesel** ab. Das Langohr mit dem Quastenschwanz dient dem Menschen seit über viertausend Jahren als geduldiges Arbeitstier. Es zieht Karren, schleppt Lasten, treibt Mühlräder und Schöpfwerke an. Heute sind Hauseselrassen unterschiedlicher Größe und Farbe über alle südlichen Länder verbreitet. Sehr zu Unrecht gelten diese genügsamen und ausdauernden Tiere als dumm. Störrisch sind sie nur, wenn man sie schlecht behandelt.
Die **Zebras** stehen den Eseln näher als den Pferden. Wegen ihrer Streifung werden sie oft auch Tigerpferde genannt, obwohl sie nicht wiehern, sondern wie Esel schreien. In der afrikanischen Savanne und Steppe gibt es noch größere Zebraherden. Manchmal sieht man auch im Zirkus Dressurnummern mit Zebras. Die Tigerpferde wurden jedoch nie zu Haustieren. Sie sind so wild und bissig, daß selbst Löwen sie mit Vorsicht angreifen. Kreuzt man ein Zebra mit einem Pferd oder einem Esel, so erhält man ein Zebroid. Es ist ein **Bastard** wie auch der Maulesel und das **Maultier**, die ihr Dasein der Züchtung durch den Menschen verdanken. Beide gelten als schwierig und stur. In ihnen steckt ein Esel.

Die Verwandten

Pferderassen

Brandzeichen werden jungen Pferden mit einem glühenden Eisen auf die Hinterschenkel oder den Hals gedrückt. Das Bild (**3**) zeigt das Brandzeichen des Gestüts Schwaiganger.

Fohlen nennt man noch nicht ganz ausgewachsene Jungpferde, etwa bis ins zweite Jahr.

Gestüte sind Pferdezuchtbetriebe mit großen Stallungen und Weiden (**3**). Staatliche Haupt- und Landgestüte leihen Hengste für die Paarung aus.

Hengst heißt das männliche Pferd. Bevor Junghengste (**2**) als Beschäler zur Zucht zugelassen werden, müssen sie eine strenge Leistungsprüfung ablegen. Man nennt das den Hengst „kören".

Rangordnung ist die Reihenfolge, in der die besten Futter- und Schlafplätze aufgesucht werden. Ranghöchstes Tier ist der Leithengst, der seine Stellung im Kampf gegen Rivalen erringt (**1**).

Stuten sind weibliche Pferde. Zuchtstuten nennt man auch Mutterstuten. Die abgebildete Stute mit Fohlen (**4**) flehmt, das heißt, sie drückt Widerwillen aus.

Wallache sind kastrierte Hengste, denen man die Hoden entfernt hat. Sie verlieren dadurch die Angriffslust und werden stutenähnlicher.

DIE PFERDEZUCHT nahm ihren Anfang, als man das Wildpferd gezähmt und zum Haustier gemacht hatte. Die noch halbwilden Herden tummelten sich in der Nähe des Menschen, angeführt vom stärksten **Hengst** als Leittier. Die Tiere vermehrten sich, ohne daß der Mensch eingriff. Jeder Hengst hatte viele **Stuten** in seiner Herde, mit denen er sich paarte. Zwischen den Hengsten kam es zu ständigen Kämpfen um die Stuten und die **Rangordnung** innerhalb der Herde. War der Leithengst alt und schwach geworden, so wurde er von einem jüngeren Tier verdrängt.
Allmählich griff der Mensch in die Zusammensetzung der Herde ein, indem er die größten und schönsten Hengste und Stuten für die Zucht aussonderte. Die Pferdezüchter hatten nämlich festgestellt, daß sich bestimmte Eigenschaften von Vater- und Muttertieren auf die **Fohlen** vererbten. So entstand besonders im altpersischen Reich, dem heutigen Iran, eine edle Pferderasse. Bereits hochgezüchtete Pferde kreuzte man mit den in den jeweiligen Gebieten vorhandenen Landpferden und erhielt neue Rassen. Im Mittelalter gab es in vielen westlichen Ländern **Gestüte**, die fast ausschließlich eine bestimmte Pferderasse mit den gewünschten Eigenschaften züchteten. Die Unterscheidungsmerkmale der einzelnen Rassen wurden durch die Reinzucht noch deutlicher.
Heute züchtet man meist einen bestimmten Pferdetyp. Große Staatsgestüte verfügen über eine ansehnliche Zahl von Stuten. Sie besitzen auch hervorragende Zuchthengste, sogenannte Beschäler. In Haupt- und Landgestüten hält man Beschäler für die Landespferdezucht. Für die Zucht untaugliche Hengste macht man zu **Wallachen**. Häufig sind die Wallache gute Turnier- und Reitpferde. Alle Pferde eines Gestütes erhalten dessen **Brandzeichen.**

Auf dem Gestüt

1

2

3

4

Araber (Bild oben) besitzen einen schmalen hechtförmigen Kopf mit großen Augen und kurzen Ohren. Sie haben ein Stockmaß von nur 150 Zentimeter, einen kurzen Rumpf und erscheinen quadratisch. Auffallend sind der fein gebogene Hals und der hochgetragene Schweif. Das Nasenbein zeigt meist den Araberknick, eine starke Einsenkung. Als Vollblutaraber gelten nur Pferde, deren Stammbaum sich lückenlos auf einen Original-Araber aus dem Orient zurückführen läßt. Diese edelsten Pferde tragen hinter dem Namen die Bezeichnung ox. Das berühmteste Gestüt ist bei Kairo in Ägypten.

Beduinen sind die arabischen Wüstenbewohner, die als Nomaden mit ihren Kamelen und ihren Pferden umherziehen. Heute sind viele Beduinen seßhaft.

Byerley Turk (sprich: Baierlie Törk) ist der älteste Stammhengst der englischen Vollblutzucht. Er war ein braunes, türkisches Pferd, das der Rittmeister Byerley bei der Belagerung Wiens durch die Türken im Jahr 1689 erbeutete.

Darley Arabian (sprich Darlie Aräbjen) wurde von dem englischen Konsul Darley im Jahr 1704 in Aleppo im heutigen Syrien gekauft. Von diesem Hengst stammt das berühmteste Rennpferd der Geschichte, der Fuchshengst Eclipse, ab.

DAS ARABISCHE VOLLBLUT gilt als edelstes Tier der Erde. Der Sage nach stammen alle **Araber** von fünf Stuten ab, die **Mohammed** im Jahr 622 aus hundert Pferden auswählte: Er hatte die Tiere drei Tage lang dursten lassen. Als er sie endlich freiließ, stürzte die Herde im Galopp zur Wasserstelle. Doch auf ein Zeichen von ihm kehrten fünf Stuten sofort um, ohne getrunken zu haben. Mohammed segnete sie und gab ihnen die Namen Abbayah – Hadbah – Hamdani – Kuhaylan – Saqlawi. Jeder **Beduine** kennt diese fünf Stämme. Der kraftvolle Kuhaylan und der elegante Saqlawi sind noch heute die Hauptvertreter der Araber.
Die Sage von Mohammed und den fünf Stuten ist sicher ein Märchen. Aber sie zeigt, wie bedeutend die Pferdezucht der Beduinen ist. Für sie war das Pferd der höchste Besitz. Es durfte sogar nachts im Zelt schlafen und wurde mit der Hand gefüttert. Besonders wertvolle Tiere besaßen angeblich ein Geheimnis, das nur der Besitzer kannte. Der Beduinenscheich Dschabal hatte ein solches Pferd. Es wurde von einem Dieb nachts von seinem Bett losgebunden. Bevor der Dieb mit der edlen Stute davonritt, weckte er den Scheich. Dieser nahm auf einem schnellen Renner sofort die Verfolgung auf. Als er den Dieb nach vier Stunden fast eingeholt hatte, rief er ihm zu: Kneif sie ins rechte Ohr und laß sie die Fersen fühlen! Der Dieb tat so, und die Stute raste wie der Blitz davon. So wurde sie nie besiegt.
Ende des 17. Jahrhunderts kamen Araberpferde auch nach England. Sie wurden dort für die Zucht verwendet. So entstand aus einheimischen Rassen und **Schlägen** das englische **Vollblut.** Die Namen der drei berühmtesten Hengste waren **Byerley Turk, Godolphin Barb** und **Darley Arabian**. Von ihnen stammen bis heute die Väter der englischen Vollblutzucht ab. Sie sind alle im **General Studbook** verzeichnet.

Die Stuten Mohammeds

General Studbook (sprich: Dscheneräl Stadbuk) heißt das Zuchtbuch der englischen Vollblüter, das seit 1791 geführt wird.

Godolphin Barb (sprich: Godolfin Bab) kam angeblich aus Marokko an den Königshof nach Frankreich. Das braune Berberpferd war häßlich. So wurde es ein Karrengaul. Um 1730 kaufte ein englischer Züchter den sechsjährigen Hengst. Er kam zu Lord Godolphin. Fast alle Rennpferde haben etwas von seinem Blut.

Mohammed der Prophet begründete die Religion des Islam. Er erließ strenge Vorschriften für die Reinzucht von Araberpferden.

Schläge sind Unterformen der Rassen, die sich durch verschiedenartige Boden- und Klimaverhältnisse herausbilden. Ein in Polen gezogener Araber ist nicht mit einem Araberpferd aus dem Orient zu vergleichen.

Vollblüter nennt man das englische Vollblutpferd (Bild unten). Es ist heute bis 170 Zentimeter hoch, kräftig und stark bemuskelt. Ursprünglich als Rennpferd gezüchtet, ist es dem Araber an Schnelligkeit überlegen, nicht aber an Ausdauer. Die Vollblutzucht hat sich über die ganze Welt verbreitet und liefert bedeutende Reitpferde. Im Namen führen sie den Zusatz xx.

Pferderassen

1

2

3

4

Edle Reittiere

DAS WARMBLUT hat seinen Namen nicht etwa davon, daß es eine höhere Körpertemperatur hätte als andere Pferde. Es ist eine in Deutschland übliche Bezeichnung für edle, elegante Pferderassen. Zu den **Warmblütern** rechnet man alle temperamentvollen leichtgängigen Reit- und Kutschpferde. Die verschiedenen Warmblutrassen sind dadurch entstanden, daß man die in den jeweiligen Gegenden vorhandenen Landpferde mit orientalischem oder englischem Vollblut kreuzte. Strenge Auslese bei der Zucht seit über zweihundert Jahren haben das englische Vollblut zum schnellsten und härtesten Pferd auf kurzen und mittleren Strecken gemacht. Auf langen Strecken dürfte ihm der Original-Araber jedoch überlegen sein. Die Eigenschaften dieser beiden edelsten Pferde finden sich natürlich auch in sämtlichen Warmblutrassen. Man bezeichnet sie deshalb allgemein auch als **Halbblut**.

Je näher ein Warmblutpferd dem Vollblüter kommt, je mehr Vollblutahnen es also in seiner Abstammung aufweisen kann, desto höher steht es im Blut. Solche Spitzenpferde werden fast nur in erstklassigen Reitturnieren oder beim Dressurreiten verwendet. Zu ihnen zählt auch das bekannteste deutsche Reit- und Springpferd, der **Hannoveraner**. Etwas weniger edel sind die **Western Horses**. Sie wurden in Amerika unter Verwendung englischer Vollblüter gezüchtet. Als hervorragende und leistungsfähige Sport- und Freizeitpferde sind sie heute in allen Teilen der Welt beliebt.

Sehr hoch im Blut steht der **Berber**. Berberblut soll auch in den Adern des Bukephalos geflossen sein, den Alexander der Große ritt. Dieser Hengst mit einem Stierkopfzeichen am Hals wurde von Alexanders Vater Philipp für 13 Talente gekauft. Das sind 300 000 Mark! Solche Preise bezahlt man manchmal auch heute noch für erstklassige Sportpferde.

Berber (**1**) aus Nordafrika fallen durch ihren Ramskopf, eine stark gebogene Nase, auf. Die edlen Reitpferde besitzen sehr viel Vollblut und stehen den Arabern nahe. Berber waren bereits bei Griechen und Römern begehrt und wurden in Europa Stammväter neuer Rassen.

Halbblut werden in allen Ländern die Pferde genannt, die in Deutschland als Warmblut gelten. Unter Halbblut versteht man in Deutschland dagegen nur Pferde, bei denen ein Elternteil ein reines Vollblut ist.

Hannoveraner (**3**) sind hervorragende Reitpferde mit besonders guten Springeigenschaften. Die kräftigen, stark bemuskelten Pferde erreichen ein Stockmaß von 170 Zentimeter und stehen dem englischen Vollblut sehr nahe.

Warmblüter haben wie alle Pferde eine Körperwärme von etwa 38 Grad. In Deutschland werden mit Warmblut leichte Reit- und Kutschpferde bezeichnet, deren Stammbaum mehr oder weniger Vollblut aufweist.

Western Horses, die Pferde des amerikanischen Westens, stammen von Cowboypferden ab. Dazu zählen der gescheckte Pinto (**4**), ein gutartiges kleines Reitpferd, und das etwas größere, kräftige und schnelle Quarter Horse (**2**) mit 155 Zentimeter Stockmaß.

Pferderassen

Andalusier (**3**) sind feurige, leichte Reitpferde von 155 bis 165 Zentimeter Stockmaß. Sie haben weiche runde Formen und ähneln dem Berber. Im 16. Jahrhundert wurde der Andalusier zum begehrtesten Pferd Europas und in fast allen europäischen Rassezuchten verwendet.

Lipizzaner (**1**), die besten Schulpferde, gelten als außerordentlich gelehrig und lernwillig. Sie haben eine Ramsnase und erreichen ein Stockmaß von etwa 150 Zentimeter. Die reinweißen Lipizzaner der Spanischen Reitschule Wien (siehe Seite 83) aus dem Gestüt Piber gehen auf sechs verschiedenfarbige Hengste zurück. Das Stammgestüt Lipizza liegt heute in Jugoslawien, wo man auch dunkelfarbige Lipizzaner züchtet.

Palomino (**2**) heißt ein kleines intelligentes Western Horse, das etwa 145 Zentimeter Stockmaß erreicht. Es hat ein freundliches Wesen und eine auffällige Goldfärbung. Man verwendet es gern als Zirkuspferd.

Trakehner (**4**) sind vor dem Hannoveraner die edelsten deutschen Reitpferde. Sie sind mit 160 bis 170 Zentimeter Stockmaß ziemlich groß und wurden in verschiedenen Farben als Kavalleriepferde gezüchtet. Heute stehen sie dem englischen Vollblut sehr nahe und dienen als hervorragende Dressur-, Military- und Jagdpferde.

Einige Warmblutrassen eignen sich besonders für die Hohe Schule, die höchste Form der Dressur. Dazu gehört der **Andalusier**, der auf eine lange Geschichte zurückblicken kann. Im Altertum kamen vor allem aus Persien edle Pferde nach Ägypten und Nordafrika. Daraus entstand die schon in der Römerzeit berühmte numidische Rasse. Aus diesen hervorragenden afrikanischen Pferden ging durch Vermischung mit Araberblut der Berber hervor. Im Jahr 711 drangen die mohammedanischen Völker Nordwestafrikas über die Meerenge von Gibraltar nach Spanien ein. Diese Mauren eroberten ganz Spanien. Ihre Pferde wurden mit den einheimischen iberischen Pferden gekreuzt. Das Ergebnis war der Andalusier.

Die berühmten **Lipizzaner** sind die einzigen reinblütigen Nachkommen der stolzen Andalusier. Kaiser Maximilian II. führte im 16. Jahrhundert spanische Pferde nach Österreich ein und gründete in Kladrub ein kaiserliches Gestüt. Sein Bruder, Erzherzog Karl, errichtete später ein Gestüt in Lipizza in der Nähe von Triest. Aus beiden Gestüten kamen die Pferde der Wiener Hofreitschule. Die schwereren Kladruber zogen im Vier- oder Sechsgespann einst die Prunkkarossen der Könige und Fürsten. Die leichteren Lipizzaner dagegen dienten als Reit- und elegante Kutschpferde.

Der amerikanische **Palomino** geht vermutlich ebenfalls auf den Andalusier zurück, der mit den spanischen Eroberern in die Neue Welt kam. Denn sowohl in Nord- als auch in Südamerika waren die Pferde ausgestorben.

Die edelste deutsche Pferdezucht begründete König Friedrich I. von Preußen. Er errichtete in Ostpreußen, dem heutigen Polen, im Jahr 1732 das Gestüt Trakehnen. Dort wurden einheimische Landpferde mit Araberhengsten und englischen Vollblütern gekreuzt. Man erhielt den **Trakehner.**

Edle Reittiere

1

2

3

4

Pferderassen

Belgier (**4**) sind die nach dem Shirehorse schwersten Kaltblüter bis 175 Zentimeter Stockmaß und 1000 Kilogramm Gewicht. Ein Belgier erreichte sogar einmal 2 Meter Höhe. Die Belgier hat man wie andere Kaltblutrassen früher kupiert: Der Schweif wurde gekürzt, damit er sich nicht in den Leinen verfing.

Haflinger (**1**) stehen an der Grenze zum Warmblut. Die muskelbepackten kleinen Pferde mit weißer Mähne und fast weißem Schweif erreichen ein Stockmaß von 135 bis 145 Zentimeter. Durch Kreuzung mit Araberpferden versucht man ein leichtes Freizeitpferd zu züchten.

Kaltblüter sind Nachkommen des schweren europäischen Waldpferdes der Frühzeit. Es sind schwere behäbige Schrittpferde, die als Zugtiere dienen.

Pinzgauer (**2**) werden in Österreich und Bayern gezüchtet. Sie heißen auch „Süddeutsches Kaltblut". Mit 160 Zentimeter Stockmaß und 800 Kilogramm zählen sie zu den mittelschweren Rassen.

Shirehorse (**3**, sprich: Schaierhors) heißt das größte Pferd. Es hat verschiedene Farben. Heute ist es häufig braun. Das Shirehorse erreicht 170 bis 180 Zentimeter und wiegt 1000 bis 1200 Kilogramm. Auffällig ist der starke Behang bis auf die Hufe.

DAS KALTBLUT umfaßt die größten und schwersten Pferderassen der Welt. Viele dieser Rösser wiegen eine Tonne, einige sogar mehr. Im Mittelalter trugen sie die eisengepanzerten Ritter in die Schlacht und zum Turnier. Das gewaltigste dieser Schlachtrösser der Ritterzeit war das „Große Pferd von England". So nannte man das **Shirehorse**, das bereits den römischen Feldherrn Cäsar sehr beeindruckte. Die Römer kannten damals einen mittelschweren **Kaltblüter** aus der Provinz Noricum, dem heutigen Österreich. Dieser Noriker oder **Pinzgauer** wird heute noch gezüchtet und gilt als eines der beliebtesten Arbeitspferde. Er war bei weitem nicht so gewaltig wie das englische Shirehorse, das im Mittelalter vorzugsweise schwarze Fellfarbe hatte. Einem Vergleich mit diesem Riesenpferd hält nur der **Belgier** stand. Man nennt ihn auch Brabanter nach seiner Ursprungsheimat.

Viele Jahrhunderte lang stellten die lammfrommen Riesen ihre gewaltigen Pferdestärken in den Dienst des Menschen. Nachdem sie als Ritterpferde ausgedient hatten, zogen sie im Krieg die Wagen und schweren Geschütze. Als Ackergäule gingen sie vor dem Pflug. Solange man den Verbrennungsmotor nicht erfunden hatte, waren Kaltblutgespanne das, was heute die Lastzüge sind. Man nannte die schweren Rassen deshalb auch Traktorpferde.

Als man in unserem Jahrhundert wirkliche Traktoren in der Landwirtschaft einzusetzen begann, wurden die schweren Arbeitspferde kaum noch benötigt. Ihre Anzahl ging ständig zurück, und die stärksten dieser „Hafermotoren" sind schon vom Aussterben bedroht. Eine Ausnahme macht dabei vielleicht das kleinste und lebhafteste Kaltblutpferd, der **Haflinger**. Er ist in den Alpen verbreitet und erklimmt sehr trittsicher auch die steilsten Pfade.

Arbeitstiere

1 2

3 4

Pferderassen

Dülmener Ponys, auch Dülmener Wildpferde genannt, leben frei im Merfelder Bruch in Westfalen. Der mausgraue Typ wird etwa 135 Zentimeter hoch. Die braune Art ist kleiner (**1**). Nur die Hengste verwendet man als Reitpferde.

Exmoor Ponys (**4**) sind die älteste Pferderasse Englands. Sie sind noch halbwild, sehr schnell und etwa 120 Zentimeter hoch. Das springfreudige Kleinpferd muß gut eingeritten werden.

Fjordpferde (**5**) gehören mit 147 Zentimeter Stockmaß zu den größten Ponys. Die ausdauernden Kleinpferde sind in den nordischen Ländern weit verbreitet. Kräftige Tiere dienen als Ackergäule, etwas leichtere als Reitpferde.

Island Ponys (**2**) haben die Wikinger auf die Insel gebracht. Sie werden 115 bis 145 Zentimeter hoch und beherrschen neben den drei Grundgangarten noch den Paßgang und den Tölt.

Ponygröße haben in Deutschland alle Pferde unter 148 Zentimeter Stockmaß. In England gelten 147,5 Zentimeter als Grenze.

Shetland Ponys (**3**, sprich: Schetländ) sind nach dem argentinischen Falabella die kleinsten Pferde. Das „Shetty" kann alle Pferdefarben haben und ist das beliebteste Kinderpony.

DIE PONYS sind nicht alle so klein wie das **Shetland Pony**. Dieses zähe Pferd mißt in der Höhe oft nur einen Meter. Der Größenunterschied zwischen dem Zwerg und einem Haflinger entspricht ungefähr dem eines Pudels zu einem Schäferhund. Trotzdem sind sich selbst Fachleute nicht immer einig, wo zwischen beiden das Pony aufhört und das Pferd anfängt. Ponys sind keine besondere Pferdeart, sondern umfassen viele verschiedene Rassen. Darunter fallen auch die meisten Cowboypferde.

Ponygröße hatten die Wildpferde. Sie wurden erst durch die Zucht und ständige Auslese höher. Das **Dülmener Pony** steht den Wildpferden noch sehr nahe. Es gilt als letzte wildlebende Pferderasse Deutschlands. Man überläßt diese Tiere in einem Wildpark sich selbst. Jährlich einmal wird die Herde zusammengetrieben und eine Anzahl einjähriger Hengste gefangen. Diese sind wegen ihrer Gutartigkeit als Kinder-Ponys und Zugtiere beliebt.

Jemand hat einmal behauptet, je kleiner die Insel, desto kleiner seien die Pferde. Das scheint für das Shetland Pony ebenso zu stimmen wie für das **Island Pony**. Es ist die einzige Pferderasse auf der nördlichsten Insel Europas. Das außerordentlich genügsame Pferd ist gegen Kälte völlig unempfindlich. Ihm wächst ein dichtes Winterfell. Wenn es nicht mehr genügend zu fressen findet, nimmt es auch Seetang als Futter.

Das gelbe Norweger **Fjordpferd** mit seiner Stehmähne erinnert noch sehr an seine Wildpferdahnen. Es ist ein ziemlich kräftiges großes Pony, das man wegen seiner Ausdauer gern als Zugpferd und für lange Wanderritte verwendet. Ein kleines Springpferd ist das englische **Exmoor Pony**. Auch wenn es kaum zu glauben ist – es gilt als einer der Stammväter des englischen Vollbluts.

Kleine Freunde

1

2

3

4

5

Pferderassen

Abstammungspapiere enthalten das Pedigree (sprich: Pedigri) eines Pferdes und seine genaue Beschreibung. Das Pedigree ist die Ahnentafel mit den Eltern, Großeltern und Urgroßeltern.

Abzeichen sind ererbte weiße Stellen am Kopf und an den Beinen. Allein am Kopf unterscheidet der Fachmann an die siebzig verschiedene Abzeichen, wie Flocke (**1**), Flämmchen (**2**), Stern (**3**), Blesse (**4**) oder Laterne (**5**). Ein weißes Maul heißt Milchmaul. Hat es dunkle Flecken, ist es ein Krötenmaul.

Falben haben gelbliches bis graues Deckhaar. Die Beine sind schwarz, Mähne und Schweif meist schwarz-weiß. Falben zeigen wie Wildpferde oft einen dunklen Aalstrich am Rücken. Das Fjordpferd ist ein Falbe.

Haare beim Pferd werden nach Deckhaar und Schutzhaar unterschieden. Deckhaare ergeben die Farbe. Schutzhaare sind Mähne, Schweif, Behang sowie die Tasthaare an Nüstern, Maul und die Wimpern. Je feiner das Haar und die Haut, desto edler das Pferd.

Isabellen haben helles, cremefarbiges Deckhaar und hellere, oft sogar weiße Mähne und Schweif. Besonders schön ist die Goldisabell, zum Beispiel der Palomino.

DIE HAARFARBE ist das deutlichste Unterscheidungsmerkmal zwischen Pferden. Ein Rappe ist schwarz, ein Schimmel weiß. Am häufigsten sind bei Pferden braune oder rötliche **Haare**. Man nennt die einen Braune, die anderen Füchse. Braune haben stets schwarze Mähnen- und Schweifhaare, häufig auch schwarze Beine. Füchse sind hellrot bis dunkelrot mit gleichfarbigen oder helleren Mähnen und Schweifen. Zu den vier Grundfarben kommen noch drei besondere Pferdefarben: der **Falbe**, der **Schecke** und der **Isabell**. Diese Farbe geht auf Isabella, Statthalterin der Niederlande, zurück. Sie wollte ihr Hemd so lange nicht wechseln, bis ihr Gemahl aus dem Krieg zurückkam. Es waren drei Jahre.
Wie viele unterschiedliche Farbabstufungen es allein bei den Hauptfarben gibt, kann man sich kaum vorstellen. Fachleute zählen von einem Schimmel wohl ein Dutzend verschiedene Färbungen auf, je nachdem ob das Schimmelweiß rötlich, braun, schwarz oder grau erscheint. Ist der Schimmel gefleckt, dann spricht man je nach Größe und Art der Flecken von einem Apfelschimmel, Forellenschimmel, Fliegenschimmel oder Tigerschimmel. **Tiger** kommen auch bei allen anderen Farben vor.
Alte Pferde können stellenweise, besonders am Kopf, graue Haare bekommen. Die auffälligste Farbänderung zeigt ein Schimmel, der gewöhnlich sehr dunkel, oft sogar schwarz geboren wird. Nach acht bis zehn Jahren haben Schimmel ihre endgültige Farbe. Von Geburt an reinweiße Fohlen sind Albinos. Ihnen fehlt in der Haut und im Haar der Farbstoff. Abweichend von anderen Tieralbinos haben diese Atlasschimmel nicht rote, sondern stahlgraue Augen.
Außer an der Haarfarbe erkennt man ein Pferd an seinen unveränderlichen **Abzeichen**. Diese sind von Geburt an vorhanden. Die weißen Stellen im Fell kommen nicht nur am

Farben und Abzeichen

Kopf vor. Auch die Beine weisen häufig solche weißen Stellen auf. Man spricht dann je nach Größe des Abzeichens von einer weißen Krone, einem weißen Fuß, oder man sagt, das Pferd ist weiß gestiefelt. Farbe und Abzeichen eines Pferdes werden in seine **Abstammungspapiere** eingetragen. Die meisten Pferde tragen außerdem das Brandzeichen ihres Gestüts, das ebenfalls im „Pferdepaß" steht.

Schecken haben große unregelmäßige Flecke auf dem ganzen Körper wie das Shetland Pony oder der Pinto.

Tiger besitzen kleine runde Flecke gleichmäßig über den Körper verteilt. Diese Zeichnung haben häufig Pinzgauer.

1

2

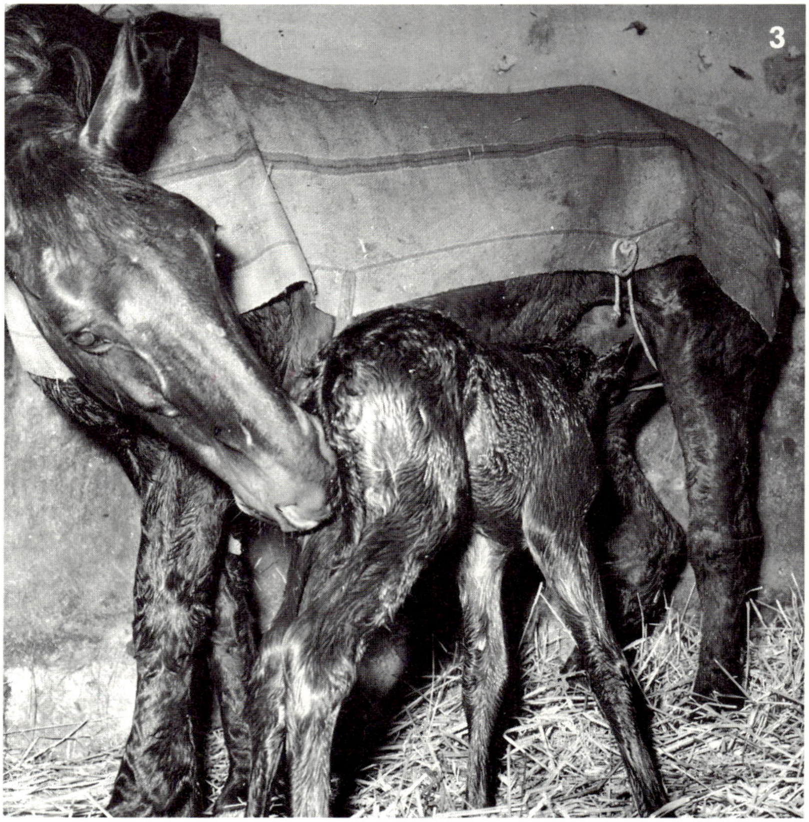
3

4

Ein Fohlen kommt zur Welt

DIE MUTTERSTUTE braucht etwa elf Monate, um ein Fohlen auszutragen. Kurz bevor es auf die Welt kommt, beginnt die Pferdemutter unruhig zu werden. Sie schwitzt, geht nervös umher, legt sich hin, steht wieder auf. Jetzt wird es Zeit, sie zum **Abfohlen** in die vorbereitete Fohlenbox zu bringen. Die Geburt setzt ein, sobald die **Fruchtblase** aus der Geburtsöffnung ausgetrieben wird. Sie dehnt den Geburtsweg aus, durch den ja das Fohlen heraus muß. Die Mutterstute legt sich dazu auf die Seite. Nach der Wasserblase erscheinen die Vorderbeine des Fohlens, dann der Kopf. Bei richtiger Lage des Jungen im Pferdeleib ist die Geburt in etwa einer Viertelstunde vorüber. Die meisten Fohlen kommen nachts, wenn sich die Stute allein und unbeobachtet fühlt. Der Mensch sollte nur im Notfall eingreifen.
Das Pferdekind kommt manchmal noch in der **Eihaut** auf die Welt. Mit der Mutter ist es durch die Nabelschnur verbunden. Diese zerreißt, wenn die Stute aufsteht. Gleichzeitig befreit sich das Fohlen durch Strampeln mit den Vorderbeinen aus der Eihülle (**1**). Tropfnaß und frierend liegt das neue Lebewesen nun in der fremden Welt. Die Stute nähert sich mit den weichen Lippen und den warmen Nüstern ihrem Jungen (**2**). Mit der Zunge leckt sie es trocken und bringt dadurch gleichzeitig seinen Blutkreislauf in Gang. Etwa eine halbe Stunde nach der Geburt versucht sich das neugeborene **Saugfohlen** schon zu erheben. Es drängt an das Euter der Mutter, um die nährstoffreiche **Stutenmilch** zu saugen (**3**). Noch steht es wacklig auf seinen staksigen Beinen. Doch schon bald wagt es die ersten Schritte (**4**). Nach etwa drei Wochen beginnt das Fohlen auch schon Heu zu knabbern. Im Alter von vier bis sechs Monaten wird es als **Absatzfohlen** von der Mutter getrennt und zusammen mit anderen Jungfohlen gehalten.

Abfohlen der Stute nennt man den eigentlichen Geburtsvorgang.

Absatzfohlen sind von der Stutenmilch entwöhnt. Dieses Absetzen und Trennen von der Mutter und das Umstellen auf Heu, Hafer und Gräser als Nahrung erfolgt nach einem Vierteljahr. Wenn das Fohlen ein Jahr alt ist, heißt es Jährling. Man unterscheidet weibliche Stutfohlen und männliche Hengstfohlen.

Eihaut oder Schafhaut nennt man die Hülle, die das Lebewesen in der Fruchtblase fest umschließt. Die Eihaut zerreißt bei der Geburt meist von selbst (**1**). Reste werden von der Stute beim Ablecken des Fohlens (**2**) entfernt.

Fruchtblase heißt die Hülle, die mit dem Fruchtwasser gefüllt ist und in der das Junge geschützt liegt. Bei der Geburt platzt die Fruchtblase, und das Fruchtwasser wird ausgetrieben.

Saugfohlen bleiben bis zum Absetzen bei der Mutter. Sie saugen Milch aus dem Euter (**3**). Die ersten drei Wochen ernährt sich das Fohlen ausschließlich von Stutenmilch. Fohlen werden mit durchschnittlich 105 Zentimeter Größe geboren. Sie wachsen bis zum Absetzen gut 20 Zentimeter.

Stutenmilch ist für die erste Ernährung des Fohlens sehr wichtig. Sie enthält nicht nur wertvolle Nährstoffe, sondern auch nötige Schutzstoffe gegen Krankheiten.

Pferd und Reiter

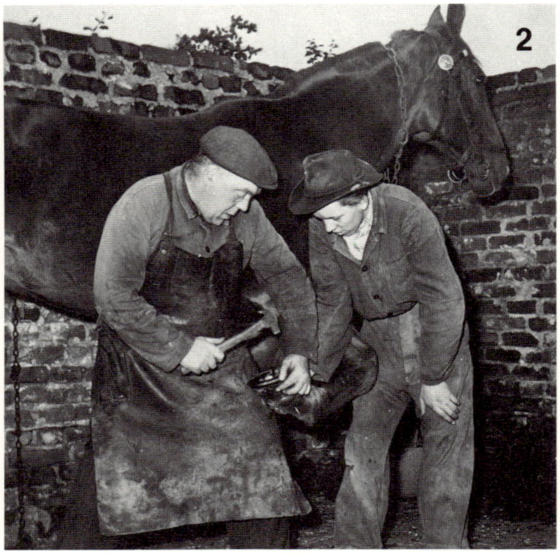

Hufeisen sollen die zu rasche Abnutzung des Hornschuhs verhindern. Schon die Römer zogen ihren Pferden „Hufschuhe“ aus Bast, dann eiserne Sandalen an. Das aufgenagelte Hufeisen wurde erst später erfunden. Beim Beschlagen (**2**) wird das warme Hufeisen genau angepaßt und mit Hufnägeln im Hornrand befestigt.

Hufkratzer (**3**) dienen dazu, aus dem Innern des Hufes Schmutz auszuräumen.

Kardätschen sind ovale Putzbürsten für den Pferdekörper. Das Kardätschen regt wie eine Massage die Durchblutung an (**5**).

Mähnenkämme aus Leichtmetall verwendet man nur zum Frisieren der Mähnenhaare (**4**). Die Schweifhaare nicht auskämmen, sondern mit der Hand ordnen!

DAS STALLPFERD lebt als Haustier nicht mehr frei und ungezwungen in der Herde. Viele natürliche Verhaltensweisen seiner wilden Vorfahren hat es durch das jahrtausendelange Zusammensein mit den Menschen verloren. Wenn es trotzdem kraftvoll und gesund bleiben soll, muß sein Reiter es sehr sorgfältig behandeln und ihm Bewegung verschaffen. Wenigstens eine Stunde am Tag sollte es geritten werden. Ein gewöhnliches Reitpferd verbringt von den 24 Stunden eines Tages also nahezu 22 im **Stall.** Hier lebt und schläft es in der Box oder im Ständer.

Pferde sind von Natur aus wenig empfindlich gegen Wetter, Wärme und Kälte. Sie benötigen aber viel Licht und Luft. Ein schlecht gelüfteter, dunkler Stall macht ein Pferd krank. Als Herdentier kann es auch nicht allein sein. Es leidet, wenn nicht ein anderes Lebewesen, und sei es nur ein Hund oder eine Katze, in der Nähe ist. Am wohlsten fühlt es sich natürlich unter seinesgleichen. Deshalb sind in einem gut geführten Stall auch immer mehrere Pferde untergebracht, die sich gegenseitig sehen können.

Unterbringung und Pflege

Bevor ein Reiter sein Pferd nach dem täglichen Ausritt in den Stall zurückbringt, muß er es ordentlich säubern. Das beginnt bei den Hufen. Mit dem **Hufkratzer** entfernt man Schmutz und Steine, da sonst das Pferd rasch lahmt. Die sauberen, trockenen Hufe fettet man am besten mit Huföl ein. Da der Huf wie ein Finger- oder Zehennagel ständig wächst, muß der Hufschmied etwa alle sechs Wochen die **Hufeisen** abnehmen und den Huf ausschneiden.

Zur täglichen Pflege gehört, daß man Haut und Haar von Staub und Schweiß säubert. Dazu dienen die **Kardätsche** und der **Striegel**. Man bürstet mit dem Haarstrich rund um das ganze Pferd. Augen, Maul, Nüstern und Hinterteil werden mit einem feuchten Schwamm vorsichtig ausgewaschen. Die Mähnenhaare kämmt man mit einer Bürste oder einem **Mähnenkamm**. Schweif und Mähne sollten häufiger mit mildem Shampoo gewaschen werden. Die Haarspitzen gehören ab und zu gleichmäßig gestutzt. Wenn man das Pferd abschließend mit einem Strohwisch und einem Wolllappen abreibt, bekommt das Fell einen seidigen Glanz.

Ställe sollen etwa 3 Meter hoch sein und pro Pferd eine Grundfläche von mindestens 3 mal 3,50 Meter haben. Am günstigsten ist die Unterbringung in Boxen. In sogenannten Ständern (**1**) stehen die Pferde angebunden. Diese Art von Ställen erfordert verhältnismäßig wenig Raum. Wichtig sind gute Belüftung, helles Licht, rutschfeste Böden und eine breite Stallgasse, in der zwei Pferde bequem aneinander vorbei können.

Striegel sind Geräte mit Metallzähnen. Man streift beim Striegeln daran die Kardätsche ab, um sie von ausfallenden Haaren und Schuppen zu säubern (**5**). Mit dem Striegel kann man auch vorsichtig gröbsten Schmutz aus dem Fell entfernen. Die Beine sollten nicht mit dem Metallstriegel bearbeitet werden.

3

4

5

Pferd und Reiter

Bereiter sind ausgebildete Reiter, die Pferde zureiten, trainieren und sie „arbeiten", das heißt ausbilden.

Einstreu besteht aus Stroh, manchmal auch aus Sägespänen und Torf. Damit wird der Boden in Ställen belegt, um den Dung aufzusaugen.

Fohlenställe sind nicht in Boxen oder Ständer aufgeteilt. Die jungen Pferde werden zusammen mit ihren Müttern in einem großen Stall untergebracht, wo sie viel Bewegungsfreiheit haben (**4**).

Futter für Pferde sind Heu, Hafer und Stroh zu gleichen Teilen. Große Pferde benötigen davon etwa 15 Kilogramm täglich. Sie fressen auch gern Rüben und Kartoffeln. Bei hoher Leistung füttert man Kraftfutter zu. Das Futter muß pünktlich in Einzelrationen gegeben werden.

Koppel ist eine eingezäunte Weide. Hier haben Pferde ihren Auslauf und Weidegang, bei dem sie frisches Grünfutter aufnehmen. Ponys bleiben Sommer (**1**) wie Winter (**2**) auf der Koppel.

Stallboxen sind Verschläge, in denen sich das Pferd frei bewegen kann. Die Boxen sind durch Türen zugänglich (**5**).

Tränken erfolgt vor oder nach der Fütterung mindestens dreimal täglich. Das Wasser muß stets frisch sein. Es gibt meist automatische Tränken.

Das Putzen sollte möglichst im Freien vorgenommen werden. So müssen weder Reiter noch Pferd den davonfliegenden Staub einatmen (**5**). Sind die Beine sehr verschmutzt, kann man sie vorher mit einem Schlauch bei mildem Wasserstrahl abspritzen. Im Sommer schadet auch ein kurzes Bad nicht (**3**). Das Pferd muß dann aber sorgfältig abgetrocknet werden, damit es sich nicht erkältet.

Zur Pferdepflege gehört auch die Reinhaltung des Stalles. Boxen und Ständer müssen täglich ausgemistet werden und neue **Einstreu** bekommen. Das Ausmisten einer **Stallbox** macht natürlich weniger Arbeit als bei einem **Fohlenstall.** Wer nicht selbst auf dem Land wohnt, gibt sein Pferd wohl am besten in einen gut geführten Reitstall. Es ist dort gleichsam Pensionsgast, wird gepflegt und gewartet und manchmal sogar von einem **Bereiter** gearbeitet. Mancher kann sein Pferd auch bei einem Bauern unterstellen, der es füttert und tränkt. Das richtige **Futter** zu geben, ist allerdings eine Wissenschaft für sich. Jedes Pferd benötigt eine unterschiedliche Menge an Hafer, Heu und anderen Futterstoffen. Das hängt von der Größe des Tieres ab und von der Leistung, die es zu erbringen hat. Genauso wichtig wie das Füttern ist das **Tränken.** Ein Pferd säuft je nach Bedarf zwischen zwanzig und achtzig Liter Wasser pro Tag.

Weniger Arbeit als große Reitpferde machen die Ponys. Sie sind kaum empfindlich und können ständig im Freien auf der **Koppel** leben. Hält man sie nur im Stall, so werden sie trübsinnig und krank. Ponys muß man auch nicht unbedingt täglich striegeln und bürsten. Sie wälzen sich im Gras, werden vom Regen gewaschen und vom Wind getrocknet. In der kalten Jahreszeit schützt sie ein dickes Winterfell. Ihnen genügt ein nach drei Seiten geschlossener Unterstand als Stall.

Unterbringung und Pflege

1

2

3

4

5

Pferd und Reiter

Gebisse legt man in die breite Lücke zwischen Schneide- und Backenzähnen, die Lade. Das genau angepaßte Gebiß ist mit dem Zügel verbunden und übt einen entsprechenden Druck im Pferdemaul aus. Anfänger verwenden nur die Trense (**3**). Die Kandare (**5**) ist nur etwas für Könner, da sie dem Pferd leicht Schmerzen bereiten kann. Die Verwendung von Gebißarten ist durch die Leistungsprüfungsordnung genau vorgeschrieben.

Halfter nennt man das meist lederne Kopfzeug der Pferde. Zaumzeug muß genau angepaßt sein. Das Hannoversche Reithalfter (**6**) wird neben dem Englischen (**1**,**2**) häufig verwendet. Nasen- und Kinnriemen müssen etwa zwei Fingerbreit Spielraum haben, der Kehlriemen eine Handbreit. Das lockerere Stallhalfter (**7**) dient nur zum Anbinden.

Sattel bedeutet nach einem althochdeutschen Wort „Sitz". Dieser lederne Sitz muß für Pferd und Reiter bequem sein. Er wird dem Pferderücken genau angepaßt, damit er nicht drückt oder scheuert und in der richtigen Sattellage bleibt. Der Sattel wird mit dem Sattelgurt unter der Brust des Pferdes befestigt. Man verwendet verschiedene Sättel, am häufigsten den Vielseitigkeitssattel (**1**). Ein Ponysattel (**4**) hat meist einen Schweifriemen. Damit hängt man den Sattel am Schweif ein.

DAS REITPFERD unserer Zeit ist ein hochempfindliches Lebewesen und „Sportgerät" zugleich. Die ersten Reitervölker haben sich auf den nackten Pferderücken geschwungen. Sie legten bestenfalls eine Decke auf. **Sattel** oder gar **Steigbügel** waren ihnen lange Zeit unbekannt. Auch von der Zäumung haben sie noch nicht viel verstanden. Ihnen genügte ein Nasenriemen. Sie lenkten das Pferd fast ausschließlich durch Schenkeldruck.

Zu einer vollständigen Sattelung gehören heute Unterlage, Sattelgurt, Steigbügel und Riemen. Als Unterlage dient eine Satteldecke, am besten aus weichem Leder oder dickem Filz. Häufig werden dafür auch Schaffelle verwendet. Beim Aufsatteln im Stall nähert man sich dem Pferd von der linken Seite. Um es nicht zu erschrecken, sollte man beruhigend auf es einreden. Man legt den Sattel mit den hochgeschnallten Steigbügeln vorsichtig von vorn auf, und zwar kurz hinter dem Widerrist. Dann schiebt man ihn nach rückwärts in die richtige Sattellage und schnallt den **Sattelgurt** zunächst locker fest.

Als nächstes wird dann der **Zaum** mit der **Trense** angelegt. Beim Aufzäumen faßt man das Pferd von links um den Hals und streift die Zügelenden über den Kopf. Mit der linken Hand schiebt man dann dem Pferd das **Gebiß** vorsichtig ins Maul. Bei Pferden, die das Maul nicht öffnen, drückt man mit Daumen und Mittelfinger kräftig gegen die Kinnladen des Pferdekopfes. Jetzt läßt sich die Trense einlegen. Anschließend hebt man das Genickstück des **Halfters** über die Ohren, läßt den Nasenriemen herunter und führt die **Zügel** über den Hals. Der Kehlriemen des Halfters muß so locker sein, daß noch eine Handbreit Platz ist. Der Nasenriemen dagegen soll so fest anliegen, daß das Pferd zwar ungehindert atmen, das Maul aber nicht zu weit aufmachen kann.

Sattel und Zaumzeug

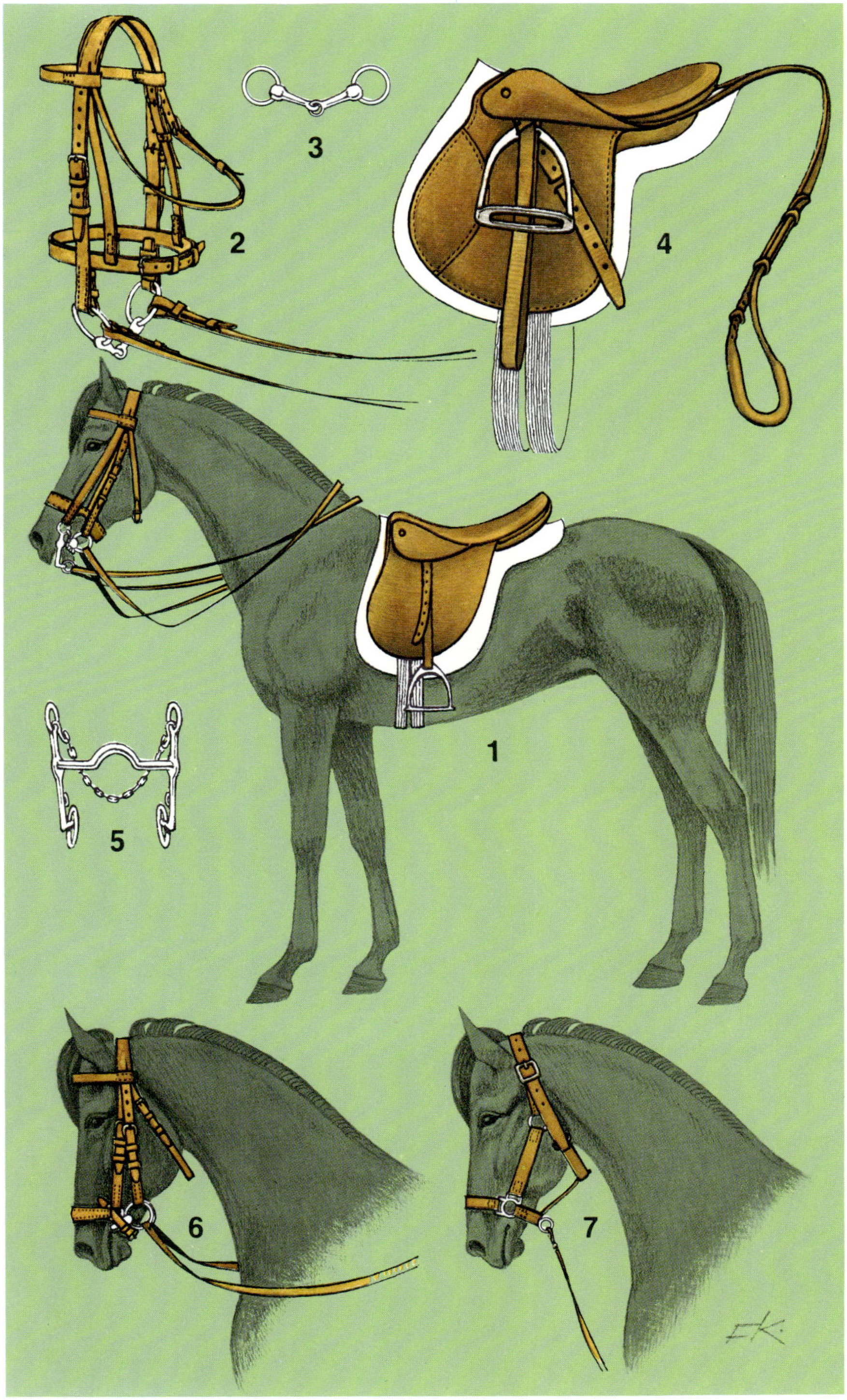

Sattelgurte darf man beim Aufsatteln nicht fest anziehen. Das Pferd bläst dabei die Lungen auf. Deshalb muß man nach dem Aufsitzen nachgurten, das heißt, den Gurt etwas straffer ziehen. Manche Pferde leiden unter Sattelzwang. Sie bocken, um den Sattel abzuwerfen. Dann muß man vorsichtig nachgurten.

Steigbügel, die Fußstützen des Reiters, wurden wahrscheinlich in China erfunden. Sie sind durch den Steigbügelriemen fest mit dem Sattel verbunden. Von deren richtiger Länge hängt auch der richtige Sitz ab (**1**).

Trensen sind die einfachsten Gebisse, die das Pferdemaul am meisten schonen. Häufig verwendet wird die Wassertrense (**3**), wobei das Gebißstück aus Metall oder Gummi besteht.

Zaum nennt man das lederne Kopfstück mit Gebiß und Zügel zur Lenkung des Pferdes. Beim Trensenzaum (**2**, **6**) genügt ein Zügel. Bei der Kandarenzäumung (**1**) wird noch eine Unterlegtrense benützt, so daß man einen Doppelzügel hält.

Zügel verbinden die Reiterhand mit dem Gebiß im Pferdemaul. Das Pferd spürt in der sanften Zügelführung zusammen mit dem Schenkeldruck den Willen des Reiters. Niemals darf der Zügel ein Haltegriff für den Reiter sein!

1
2
3
4
5
6
7

Kleine Reitschule

DAS REITEN beginnt damit, daß man richtig auf das Pferd kommt und im sauberen **Reitsitz** das Gleichgewicht halten kann. Beim **Aufsitzen** nähert man sich dem Pferd stets von der linken Seite. Das Pferd sieht mit seinen auseinanderstehenden Augen seitlich gut und weiter nach hinten als wir. Kommen wir ihm dicht von vorn, sieht es nur einen Schatten, den es vielleicht für Futter hält. Nähern wir uns von hinten, kann es vor Schreck ausschlagen. Deshalb sollte man mit seinem Pferd reden, damit die vertraute Stimme es beruhigt. Die Sattelgurte werden vor dem Aufsitzen überprüft und nachgezurrt. Jetzt nimmt man die Zügel in die linke Hand, faßt in die Mähne und tritt mit dem linken Fuß in den Steigbügel. Mit dem rechten Bein stößt man sich vom Boden ab. Der Schwung hebt einen auf das Pferd. Aber schwungvoll darf man nicht in den Sattel plumpsen! Dies würde das Pferd erschrecken, und es könnte „durchgehen". Ein Sturz wäre wohl kaum zu vermeiden. Sobald man ruhig sitzt, steckt man auch den rechten Fuß in den Steigbügel.
Wenn man nicht stets denselben Sattel benützt, müssen die Bügel vor dem Aufsitzen verstellt werden. Man mißt die Länge der Bügel mit ausgestrecktem Arm: Der Bügel sollte dabei bis in die Achselhöhle reichen. Sobald man sitzt, kann man die Bügellänge ganz genau einstellen: Der Trittsteg muß bei herabhängenden Bügeln auf gleicher Höhe mit den Knöcheln sein.
Beim **Absitzen** nimmt man beide Füße erst aus den Steigbügeln, wenn das Pferd ruhig steht. Auch hier kommt man wieder auf der Innenseite des Pferdes, also links auf die Erde. Bevor man seinen vierbeinigen Freund in den Stall führt, löst man die Sattelgurte und zieht die Steigriemen mit den Steigbügeln hoch. So können sie dem Pferd nicht um den Leib schlagen und es verletzen.

Absitzen erfordert völligen Stillstand des Pferdes. Die Füße werden aus den Bügeln genommen. Man stützt sich mit beiden Händen auf den Vorderteil des Sattels und hebt das Gesäß an (**5**). Jetzt neigt man sich vor und schwingt das rechte Bein über die Kruppe (**6**). Mit dem Zügel in der linken Hand kommt man möglichst dicht am Pferd auf den Boden (**7**).

Aufsitzen erfolgt von der linken Seite. Man steht mit der linken Schulter am Pferd, mit Blick zum Schweif und hält die Zügel links in Höhe des Widerrists (**1**). Dann tritt man mit dem linken Fuß in den Bügel, umfaßt mit der rechten Hand den Sattelkranz und stößt sich mit dem rechten Bein ab (**2**). Das waagrecht gehaltene Bein schwingt man über die Kruppe und läßt sich sanft in den Sattel gleiten (**3**).

Reitsitz (**4**) nennt man die korrekte Haltung auf dem Pferd. Beim richtigen Sitz sollen Schultern, Hüfte und Fersen nahezu eine Senkrechte bilden. Die Knie sind leicht angewinkelt, die Oberschenkel liegen flach am Pferdekörper an, die Unterschenkel bleiben beim Reiten ruhig. Mit dem Gesäß sitzt man tief im Sattel. Normale Zügelhaltung ist, wenn die Zügel zwischen kleinem Finger und Ringfinger und zwischen Daumen und Zeigefinger liegen.

Pferd und Reiter

Die Ausbildung zum Reiter sollte schon früh beginnen. Mädchen, aber auch Jungen, die Spaß an Pferden haben, können mit dem **Voltigieren** anfangen. Dies hat zwar nichts mit Reiten zu tun, ist aber eine ausgezeichnete Vorübung. Man bekommt dabei vor allem ein Gefühl für das Gleichgewicht auf dem Pferderücken. Wer vor der ersten Reitstunde schon voltigiert hat, tut sich leichter.

Das Reiten selbst kann man nicht aus Büchern lernen. Dafür braucht man einen Reitlehrer. Am besten wendet man sich an eine **Reitschule,** wo auch **Leihpferde** zu haben sind. Die Anfänger werden dort meist in Gruppen in die Kunst des Reitens eingeführt. Dreißig Reitstunden werden wohl vergehen, bis man ein Pferd selbst führen kann. Zuerst übernimmt das der Reitlehrer, der das Pferd an der **Longe** im Zirkel gehen läßt. Erst wenn man die verschiedenen **Reithilfen** kennt und einigermaßen sicher anzuwenden weiß, kann man von Reiten sprechen.

Anfänger setzt man im **Reitstall** meist auf gutmütige, erfahrene Pferde. Sie tun von selbst das Richtige, auch wenn der Reiter einen Fehler macht. Um ein gutes Reitpferd aber wirklich in der Hand zu haben, muß man außer von der Reittechnik auch eine Menge von dem Tier unter dem Sattel verstehen: Ein Pferd hat einen „Heckmotor". Das heißt, es geht mit den muskulösen Hinterbeinen. Die Vorderbeine dienen lediglich dazu, das **Gebäude** zu stützen. Der Reiter muß also durch Schenkeldruck die Hinterhand des Pferdes in Bewegung setzen. Damit diesem die Last auf dem Rücken nicht zu schwer wird, paßt ein guter Reiter sich durch Gewichtsverlagerung der Gangart des Pferdes an. Deutliche **Paraden** zeigen dem Pferd an, was der Reiter will. Umgekehrt muß aber auch dieser den Willen seines Vierbeiners beachten. Wer die **Pferdesprache** versteht, wird sicher ein guter Reiter.

Gebäude nennt man das Äußere, das Exterieur des Pferdes. Es kann wuchtig oder schwach sein, je nach Körperbau.

Leihpferde bekommt man bei einem Pferdeverleih und in einem Reitstall. In guten Reitställen wird darauf geachtet, daß man stets dasselbe Pferd reitet. Verleihpferde sind stundenweise mit und ohne Reitlehrer zu mieten.

Longe (sprich: Longsch) heißt die mindestens 7 Meter lange Leine, an der man ein Pferd im Kreis laufen läßt. Der Reitlehrer führt das Pferd an der Longe beim Voltigieren (Bild oben) oder bei ersten Reitversuchen (Bild unten). Auch Jungpferde werden an der Longe ausgebildet.

Parade ist das Einwirken auf das Pferd mit Zügel und Hilfen. Bei der halben Parade führt man das Pferd in eine andere Gangart, bei der ganzen bringt man es zum Stehen.

Pferdesprache nennt man die Ausdrucksform eines Pferdes. Das Wiehern ist zumeist ein Ausdruck des Wohlbehagens. Schnauben ist ebenfalls freundlich. Quieken Pferde, so fühlen sie sich gestört. An den Ohren kann man ihre Stimmung ablesen: Sind sie gespitzt, ist das Pferd aufmerksam. Zurückgelegte Ohren bedeuten Gefahr, hängende Ohren Müdigkeit.

Kleine Reitschule

Reithilfen veranlassen ein Pferd, die Haltung oder Bewegung zu ändern. Sie werden vom Reiter gegeben; der vortreibende Schenkeldruck, die richtige Gewichtsverlagerung, die verhaltenen Zügelhilfen. Ein Pferd, das die Hilfen sofort annimmt, bezeichnet man als durchlässig. Zusätzliche antreibende Hilfen sind Sporen und Reitgerte. Beide sollten nur erfahrene Reiter benutzen.

Reitschulen unterrichten Anfänger und Fortgeschrittene im Reiten und Gespannfahren. Erfahrene Pferde stehen für die Ausbildung zur Verfügung. Man kann einen Reitkurs besuchen oder einzelne Reitstunden buchen. In der Bundesrepublik gibt es heute über 300 000 Reitpferde und mindestens doppelt so viele „Reiter". Nicht alle haben eine Grundausbildung. Wer ernsthaft reiten will, sollte sich einem Reiterverein anschließen.

Reitstall ist eine andere Bezeichnung für Reitschule. Man versteht darunter auch Stallungen mit einer Reitbahn.

Voltigieren (sprich: Voltischieren, Bild oben) nennt man gymnastische Übungen auf einem ungesattelten Pferd, einzeln oder in Gruppen. Man kann aufspringen, stehen, balancieren, sogar seilhüpfen. Voltigierpferde sind kräftig mit breitem Rücken.

Das Pferd in der Neuen Welt

Criollos, die halbgezähmten Pampaspferde, sind Nachfahren der spanischen Andalusier. Sie verwilderten und bildeten große Herden. Diese „Caballos cimarrones“, die ungebändigten Pferde, wurden zuerst von Indianern gezähmt. Heute züchtet man in Argentinien Criollopferde.

Gaucho (sprich: Gautscho) ist die Bezeichnung für die südamerikanischen Rinderhirten. Ihre Criollopferde leben noch immer halbwild in Herden. Häufig geben Gauchos jungen Criollopferden eine Stute bei, der sie eine Glocke umhängen.

Indianer sind der Rasse nach mit den mongolischen Reitervölkern Asiens verwandt. Sie wanderten vermutlich vor etwa dreißigtausend Jahren über die Landbrücke im nördlichen Eismeer nach Amerika ein. Damals gab es in Amerika wohl keine Pferde mehr oder sie wurden von den ersten Indianern ausgerottet.

Komantschen bewohnten das Gebiet östlich des Rio Grande, des Grenzflusses zu Mexiko. Sie waren die besten Reiter der Prärieindianer. Zügel, Sattel und Aufsitzen von rechts übernahmen sie von den Spaniern. Ihre Mustangs waren auf leisesten Schenkeldruck dressiert. Beim Kampf hielten sie sich mit einem Arm in einer ledernen Halsschlinge fest.

DIE MUSTANGS der Rothäute waren ein Geschenk der Bleichgesichter. Als Kolumbus im Jahr 1492 die Neue Welt entdeckte und nach ihm die ersten Eroberer das amerikanische Festland betraten, war das Pferd den Ureinwohnern völlig unbekannt. Vermutlich sind die Pferde lange vor der Ankunft der **Indianer** in Amerika ausgestorben. Sie wurden erst wieder von den Spaniern aus Europa nach Südamerika gebracht. Der Transport mit dem Schiff war schwierig. Man band die Pferde unter Deck in ein Haltegestell, damit sie bei hohem Seegang nicht hin- und hergeschleudert wurden. Trotzdem waren die Verluste sehr hoch.

Als Hernando Cortes im Jahr 1519 zur Eroberung Mexikos aufbrach, führte er auf seinen Schiffen sechzehn Pferde mit. Die Eingeborenen stellten sich ihm bald nach der Ankunft mit einer gewaltigen Streitmacht zum Kampf. Cortes ließ seine sechzehn geharnischten Reiter angreifen. Die Azteken flohen vor diesen „teilbaren Göttern“. So nannten sie das ihnen unheimliche Pferd mit Reiter.

Im Jahr 1536 landete der Spanier Pedro de Mendoza an der Küste Südamerikas. Mendoza verlor in dauernden Kämpfen mit den Indianern den größten Teil seiner Leute. Er mußte auch 72 andalusische Pferde zurücklassen. Diese verwilderten, und bereits vierzig Jahre später sollen fünfzigtausend Pferde die **Pampas** bevölkert haben. Noch heute reiten die südamerikanischen **Gauchos** diese **Criollos.**

Auch die nordamerikanischen **Mustangs** stammen von spanischen Pferden ab. Sie waren ihren Besitzern entlaufen und konnten sich in der **Prärie** rasch vermehren. Die Prärieindianer nannten sie Suna wakan – „grasfressende Hunde“. Denn sie kannten nur den Hund als Haustier. Als erste fingen die **Komantschen** Mustangs ein. Bald waren die Stämme der **Plains** die besten Reitervölker der Erde.

Grasfressende Hunde

Mustang bedeutet soviel wie verwildertes Haustier. Die von spanischen Pferden stammenden Mustangs bildeten bald große Herden in der Prärie. Die Tiere erreichten kaum 150 Zentimeter Stockmaß. Viele waren gescheckt. Nur die besten waren zum Reiten zu gebrauchen. Die Indianer verstanden es, sie mit dem Lasso aus den Herden herauszufangen und ohne Gewaltanwendung zu zähmen. Mit den Mustangs änderte sich das Leben der Prärieindianer. Sie wurden erfolgreicher bei der Büffeljagd (Bild oben). Wenn die Stämme weiterzogen, schleppten minderwertige Mustangs das Travois mit den Zelten und der Habe (Bild unten).

Pampas heißt die fast baum- und strauchlose Grasebene Südamerikas. Sie bildet das Kernland Argentiniens, wo vor allem Rinder- und Pferdezucht betrieben wird.

Plains oder Great Plains bedeutet „Große Fläche“. Es ist die Hochebene zwischen den Rocky Mountains und den Flüssen Mississippi und Missouri.

Prärie ist das nordamerikanische Grasland, das sich östlich an die Plains anschließt und fast bis an den Golf von Mexiko reicht. In den Prärien wird heute Rinderzucht betrieben und Weizen angebaut.

Das Pferd in der Neuen Welt

Cowboysättel sind für lange Ritte gebaut und an Vorder- und Hinterseite weit hochgezogen. Das große Horn am Vorderzwiesel dient zum Einhängen des Lassos (Bild Seite 65). Es muß starkem Zug standhalten, wenn der Cowboy ein Rind eingefangen hat. Der Cowboysattel erfordert eine besondere Reittechnik.

Pioniere nannten sich die Auswanderer, die vom Osten der USA in das westliche Indianergebiet eindrangen und es erschlossen. Viele wurden Viehzüchter.

Planwagen oder „Prärieschoner" waren widerstandsfähige Fahrzeuge, in denen die Siedler ihr ganzes Hab und Gut mitbrachten. Sie wurden häufig von Ochsen gezogen, die man notfalls verspeiste. Bei einem Indianerangriff bildete man eine Wagenburg.

DIE RANCHER waren Anfang des 19. Jahrhunderts vor dem großen **Treck** im Wilden Westen. Damals bildete noch der Mississippi die Grenze der Vereinigten Staaten von Amerika. Der Osten war schon dicht besiedelt. Westwärts aber dehnte sich unendlich weites Land bis zu den Rocky Mountains. Es war Indianergebiet, wenig erforscht und gefährlich. Die Franzosen und die Spanier teilten sich den Besitz der Prärien und der Großen Ebene. Nur mutige **Pioniere** hatten sich bis hierher vorgewagt.
Im Jahr 1803 kauften die USA den Franzosen die Prärien ab und verdoppelten damit ihre Landfläche. Vierzig Jahre später gewannen sie im Krieg gegen die Mexikaner auch die spanischen Besitzungen in Nordamerika dazu. Als die ersten Siedler mit ihren **Planwagen** in den Westen kamen, weideten dort noch Millionen Büffel. Große Mustangherden durchstreiften die Prärie. In Texas grasten die Langhornrinder, die von den Spaniern eingeführt worden waren und sich gewaltig vermehrt hatten. Sie liefen frei umher und bildeten den Reichtum der texanischen **Rancher.**

Im Wilden Westen

Damit die Rancher ihr Vieh auseinanderhalten konnten, erhielten alle Kälber ein Brandzeichen. Einmal im Jahr wurden die Tiere in gewaltigen Zügen nach Norden zum Verkauf getrieben. Dann kamen die Cowboys oft wochenlang nicht aus dem Sattel. Sie ritten Mustangs, die man mit englischen Pferden aus dem Osten der USA veredelt hatte. Diese kleinen, zähen Broncos trugen den schweren mexikanischen **Cowboysattel** der Viehhirten. Aus den Cowboypferden entwickelten sich durch planmäßige Zucht die bekannten **Western Horses.**

Mit der Ankunft der Siedler wurde das Land bebaut und eingezäunt. Dies behinderte den Viehtrieb sehr. So kam es immer wieder zu Auseinandersetzungen mit den Ranchern. Ein anderes Problem waren die Büffel. Sie nahmen nicht nur den Rindern große Weideflächen weg, sondern bildeten auch die Lebensgrundlage für die Indianer. Um diese von ihrem Land zu vertreiben und zu vernichten, rotteten die Weißen innerhalb von drei Jahrzehnten etwa 30 Millionen Büffel aus.

Rancher (sprich: Räntscher) sind Viehzüchter im Gegensatz zu den Ackerbauern, den Farmern. Der Begriff kommt aus Südamerika von dem spanischen „ranchero".

Treck bedeutet Auszug oder mühsame Fahrt. Man nannte so den Zug der Siedler, die mit Planwagen aus dem Osten der USA nach Westen kamen (Bild S. 64)

Western Horses bilden eine Gruppe inzwischen hochgezüchteter Reitpferde, die sich besonders für den Viehtrieb eignen. Am bekanntesten ist das Quarter Horse, das seinen Namen von der Schnelligkeit auf einer Viertelmeile (= Quarter) hat. Die Quarter-Horse-Zucht in Texas ist die größte Pferdezucht der Welt. Zu den Western Horses zählen auch der scheckige Appaloosa, der kleine Palomino und der Pinto.

Pferde im Geschirr

Deichsel nennt man die Zugstange des Wagens, an der die Zugtiere angeschirrt werden. Mit der Deichsel wird das Pferdefuhrwerk auch gelenkt. Dies gelang erst, als man die vordere Radachse durch den Reibnagel drehbar mit dem Wagengestell verbunden hatte.

Diligence (sprich: Dilischanß), die achtspännige Eilpost, erreichte eine Durchschnittsgeschwindigkeit von 15 Kilometer pro Stunde. In den drei Abteilen fanden etwa 30 Personen Platz. Gewöhnliche Postkutschen fuhren zwei- oder vierspännig (Bild oben).

Federung von Wagen kannte man bis zur Neuzeit nicht. Der Wagenkasten war einfach auf den Achsen befestigt. Erst die Kutsche besaß Lederriemen zur Abfederung, später eiserne Federn.

Kummetgeschirr, auch einfach Kumt genannt, ist eine Zugvorrichtung für die Anspannung von Pferden. Das Pferd entwickelt seine größte Zugleistung mit der Brust und den Schultern. Das dick gepolsterte Kummet läuft an der Schulter spitz zu und liegt hier dicht an. Am breiten unteren Brustteil muß eine Handbreit Platz sein, damit die Luftröhre nicht eingeklemmt wird. Am Kumt hängt man die Zugstränge und die Aufhalteriemen ein, die verhindern, daß der Wagen dem Pferd in die Beine rollt.

DIE POSTKUTSCHE gab es schon vor fast zweitausend Jahren. In Rom hatte man ein staatliches Postwesen mit **Kurieren** und zweirädrigen Pferdewagen. Die geräumigen vierrädrigen Eilpostwagen wurden im Sommer von acht, im Winter von zehn Mauleseln gezogen. Mit dem Untergang des Römischen Reiches verfielen die sorgfältig angelegten Straßen. So stiegen Reisende im Mittelalter wieder aufs Pferd. Ihr Gepäck führten sie auf **Saumtieren** mit.
Karl der Große fuhr meist mit Ochsenkarren durch Europa. Der schwerfällige Ochse blieb auf den schlechten Wegen für Jahrhunderte das wichtigste Zugtier. Daran änderte auch das neue **Kummetgeschirr** für Pferde nichts, denn die Wagen hatten sich seit der Römerzeit kaum verändert. Sie hatten keine schwenkbare **Deichsel** und keine **Federung.**
Erst im späten Mittelalter erfand man die bewegliche Vorderachse. Aus Ungarn kam die **Kutsche,** bei der die Wagenkasten mit Lederriemen an den Achsen aufgehängt waren. Da allmählich auch die Straßen besser wurden, verdrängten Pferdefuhrwerke die langsameren Ochsengespanne. Die späteren Fürsten von Thurn und Taxis richteten um das Jahr 1500 die erste Postverbindung nach den Römern ein. Zunächst beförderten Postreiter ständig Nachrichten und Briefe zwischen Wien und Brüssel. Bald unterhielt die Taxische Post in ganz Europa **Posthaltereien.**
Im 19. Jahrhundert gab es eine tägliche Verbindung zwischen größeren Städten. Eine Fahrt von Nürnberg nach München dauerte mit Pferdewechsel oft drei bis vier Tage. Wer es besonders eilig hatte, benutzte die schnellere **Diligence.** Auch als die Dampflokomotive schon erfunden war, blieben die Postkutschen noch das wichtigste öffentliche Verkehrsmittel. **Pferdebahnen** beförderten bis zu Beginn unseres Jahrhunderts Fahrgäste auf kurzen Strecken.

Die Postkutschenzeit

Kuriere sind Eilboten, die früher wichtige Nachrichten von den Königshöfen überbrachten. Im Altertum waren es häufig Schnellläufer, die sich abwechselten. Später wurden daraus reitende Boten.

Kutsche nannte man einen stark verbesserten Personenwagen nach der ungarischen Stadt Kocs (sprich: Kotsch), wo er im 16. Jahrhundert erfunden wurde. Die Kutsche verbreitete sich rasch über ganz Europa.

Pferdebahnen verkehrten zuerst in England, wo auch die Schienen und die Eisenbahn erfunden wurden. Als Stadtbahn fuhren Pferdewagen in vielen Großstädten bis in unser Jahrhundert (Bild unten). Pferdeomnibusse benötigten keine Schienen.

Posthalterei hieß eine Poststation zum Pferdewechsel. Dort gab es Ställe mit ausgeruhten Pferden. Meist war auch ein Gasthaus dabei, wo die Reisenden und der Postillon etwas essen und notfalls übernachten konnten.

Saumtiere werden vorzugsweise im Gebirge zum Lastentragen verwendet. Dafür bieten sich trittsichere Maultiere und Maulesel an. Früher haben Reisende zu Pferd Saumpferde mit Gepäck und Handpferde zum Wechseln mitgeführt.

Pferde im Geschirr

1

Anspannungen werden nach der Anzahl der Pferde und der Art des Fahrens unterschieden. Gala-Anspannungen fährt man mit zwei bis acht Pferden vom Sattel aus (**1**) oder vom Bock mit einem Vorreiter auf dem linken Pferd des ersten Paares. Beim Land-Anspann wird vom Kutschbock gefahren (**2**). Bei der ungarischen Jucker-Anspannung gehen fünf Pferde vor dem Bock (**3**).

Droschke ist ein einspänniges Mietfahrzeug, meist mit zurückklappbarem Verdeck. In Wien, wo es noch die meisten Droschken gibt, heißen diese Kutschen Fiaker.

Geschirr nennt man alle Teile für das Anspannen eines Pferdes. Dazu gehört das Kummet mit der ganzen Ausrüstung. Besonders schöne Geschirre besitzen wertvolle Beschläge aus Metall.

DAS FAHREN mit Pferden kam in der Neuzeit wieder in Mode und galt bald wie einst im Altertum als besonders vornehm. Reiten war Männersache, im Krieg, bei der Jagd und im Sport. Einen eleganten kleinen Wagen zu kutschieren, schien auch für Damen nicht unschicklich.

Die **Pferdekutschen** waren bis ins 19. Jahrhundert immer weiter verbessert worden. Neuartige Achskonstruktionen verhinderten, daß die Wagen zu leicht umkippten. Der Wagenkasten war mit kräftigen Blattfedern gegen unangenehme Stöße gesichert und bestand meist aus Metall. Das Wageninnere wurde oft mit Samt und Seide ausgeschlagen. Es gab leichte, schnittige Zweisitzer für schnelle Pferde, Kutschen mit und ohne Verdeck, rasante zweirädrige Kabrioletts und schwere Karossen. Das waren die Prunkfahrzeuge unter den Pferdewagen wie heute der „Rolls Royce" unter den Automobilen. Sie wurden meist von acht, manchmal mehr schweren **Kutschpferden** gezogen und nicht vom Bock aus gelenkt, sondern aus dem Sattel gefahren. Auf dem jeweils linken Sattelpferd saß ein Reiter.

Auf dem Kutschbock

Ähnlich wie heute die Leute oft an der Größe ihrer Autos abgeschätzt werden, geschah es damals an den Kutschen. Meist verriet schon das blitzende **Geschirr** und die Art der **Anspannung** den Stand des Besitzers. Mehrspännig zu fahren war nicht nur eine Kunst, sondern auch eine Gunst, die hohen Herrschaften vorbehalten blieb. Man fuhr mit Kutscher und Kutschdienern, die beim Ein- und Aussteigen behilflich sein mußten. Diener hatten während der Fahrt einen Stehplatz oder einen Notsitz hinter dem Wagenkasten. Manche Leute besaßen einen ganzen Fuhrpark mit großen Reisekutschen, leichten Jagdwagen und Einspännern fürs Theater. Dazu kamen die entsprechenden Pferde. Das alles war natürlich sehr kostspielig.

Da nur wenige einen eigenen Wagen und ein eigenes Kutschpferd hatten, blühte in den Städten das Geschäft der **Droschken.** Heute sind auch diese Pferdekutschen fast ganz aus dem Verkehr verschwunden. Wer noch **Gespanne** sehen will, muß schon ein Fahrturnier besuchen. Das Fahren ist ein sportlicher Wettbewerb wie das Turnierreiten.

Gespann bezeichnet die richtige Zusammenstellung von Pferd und Wagen. Man unterscheidet Mehrfachgespanne und Tandems oder Randoms, wobei zwei oder drei Pferde hintereinander gehen.

Kutschpferde werden nach der Art des Gespanns ausgewählt. Es gibt leichte vollblütige (**1**), mittelschwere (**2**, **3**) und schwere, die vor den königlichen Prunkkarossen gingen. Lipizzaner und Kladruber gelten als besonders elegante mittelschwere Kutschpferde. Das bekannteste englische Kutschpferd ist das Yorkshire-Coach-Horse.

Pferdekutschen gab es wie heute Automodelle. Zu den besten Kutschenbauern gehörten neben den Ungarn vor allem die Engländer. Bild (**1**) zeigt eine elegante Kalesche.

2

3

Pferde im Geschirr / Der Hafermotor

Göpel sind einfache Zahnstangenvorrichtungen, mit denen zum Beispiel Schöpfwerke (**2**) für die Bewässerung oder Getreidemühlen bewegt wurden. Die Antriebskraft lieferten Maultiere, Esel und ausgediente Pferde, die im Kreis gingen.

Grubenponys (**4**) gelten als besonders genügsam, ausdauernd und leistungsfähig. Deshalb hat man diese Kleinpferde bei der schweren Arbeit unter Tage eingesetzt.

Lastgespanne sind Fuhrwerke mit Wirtschaftspferden. Dazu zählen Ackergäule vor Pflug oder Erntewagen (**1**). Prächtig herausgeputzte Gespanne der Brauereien (**3**) sieht man bei Festen. Im Gebirge werden Fuhrwerke noch zur Holzabfuhr eingesetzt (**5**).

Mähre nennt man verächtlich ein minderwertiges Pferd. Der Ausdruck „Zosse" wurde vor allem beim Militär verwendet.

PS geben die Stärken von Motoren an. 1 PS entspricht der Leistung, die nötig ist, um 75 Kilogramm in 1 Sekunde um 1 Meter zu heben. Die Leistung eines Pferdes ist geringer und nicht ausdauernd gleich.

Treidelpferde schleppten motorlose Schiffe auf Kanälen. Sie wurden angeschirrt und durch eine lange Leine mit dem Schiff verbunden. Die Leinpferde gingen auf dem Lein- oder Treidelpfad.

DIE PFERDESTÄRKE ist eine Maßeinheit aus der Technik. Abgekürzt schreibt man **PS.** Damit wollte man die Leistung von Maschinen mit der eines Pferdes vergleichen. Pferde waren ja bis zur Erfindung der Dampfmaschine und des Verbrennungsmotors die stärksten Arbeitstiere. Sie dienten als Ackergäule in der Landwirtschaft. Traktoren haben sie inzwischen fast überall ersetzt. Auch im Straßenverkehr der Städte gibt es keine Zugpferde mehr. Dafür fahren Lastwagen, Autos, Straßenbahnen und U-Bahnen.

Einige Brauereien halten noch **Lastgespanne** mit tonnenschweren Braurössern. Gelegentlich sieht man ein Brauereifuhrwerk mit Fässern im Stadtverkehr.

Im Krieg beförderten Pferde die Geschütze und den Nachschub an die Front. Dieses Geschäft besorgen heute Panzer, Lastwagen und Flugzeuge schneller und gründlicher. In Ländern mit wenig Industrie haben sich Pferde als Antriebsmotoren für einfache Arbeiten bis heute gehalten. So spannt man vor allem in südlichen Gegenden Esel, Maultiere, aber auch ausgediente **Mähren** noch immer in einen **Göpel.** Bei dieser stumpfsinnigen Tätigkeit verbindet man ihnen die Augen, damit die Tiere nicht scheuen.

An manchen Kanälen in Holland werden auch noch **Treidelpferde** eingesetzt. Das Treideln war schon in Rom bekannt, wo Pferde die Getreideschiffe aus Ägypten den Tiber flußaufwärts schleppten. Auf „Pferdestärken" verließ man sich noch bis vor wenigen Jahrzehnten in den Kohlenbergwerken. **Grubenponys** zogen die Kohlenwagen. Die kleinen zähen Pferde wurden mit Traggurten durch den Aufzug im Förderschacht unter Tage gebracht. Dort hatten sie ihre Ställe und kamen nur zur Erholung in den Ferien auf die Koppel. Der „Hafermotor" wurde hier aber glücklicherweise auch von den toten Motoren verdrängt.

2

5

Reitsport

Damensättel erlauben den seitlichen Damensitz. Im Gegensatz zum Herrensattel sitzt man dabei nicht mit gespreizten Beinen auf dem Pferd. Der Sattel besitzt nur einen Steigbügel auf der linken Seite für das linke Bein. Man stützt die Knie an zwei Hörnern am Sattel ab.

DIE GANGARTEN eines Pferdes sollte man genau kennen, bevor man sich in den Sattel setzt. Sonst kann man böse Überraschungen erleben. Denn ein Pferd läuft nicht nur langsam oder schnell. Es verändert dabei auch die Schrittfolge und damit den Bewegungsablauf. Der Reiter im Sattel muß seine Körperhaltung der jeweiligen Gangart und Geschwindigkeit anpassen.

Das Pferd in Bewegung

Bei den natürlichen Gangarten unterscheidet man je nach dem Hufschlag drei verschiedene Takte – den Vierertakt, den Zweiertakt und den Dreiertakt. Der Vierertakt ist am einfachsten: Es ist der **Schritt,** wobei das Pferd nacheinander jedes Bein hochhebt und wieder auffußt.
Den Zweiertakt nennt man **Trab.** Bei dieser Gangart berühren jeweils die beiden schräg gegeneinander liegenden Beine den Boden. Beim Trab erreichen Pferde eine mittlere Geschwindigkeit von 225 Metern in der Minute. Am schnellsten ist der **Galopp.** Dabei fußen jeweils zwei Beine einzeln, die beiden anderen gemeinsam auf. Im Reitgalopp legen Pferde etwa 450 Meter in der Minute zurück. Auf menschliche Maßstäbe umgerechnet könnte ein Weltklassesprinter über 200 Meter da durchaus mitlaufen. Ein Reitpferd hält ein solches Tempo natürlich wesentlich länger durch. Auf Schnelligkeit gezüchtete Rennpferde erreichen weit höhere Geschwindigkeiten.
Alle drei Grundgangarten können vom Reiter durch Hilfen abgestuft werden. So spricht man von einem versammelten Schritt, einem Mittelschritt und einem starken Schritt. Das gleiche gilt auch für den Trab und den Galopp. Der Reiter hat also die Möglichkeit, das Pferd zu neun verschiedenen Geschwindigkeiten zu veranlassen. Am schwierigsten ist dabei in jeder Gangart die Versammlung, da sie die stärkste Einwirkung auf das Pferd erfordert. Es hängt sehr von der Kunst und dem Können des Reiters ab, sein Pferd fließend von einer Gangart in die andere zu führen. Neben den drei Grundgangarten gibt es noch den **Paßgang** und den **Tölt.** Früher hat man Pferde mit einer starken Veranlagung für den gemächlichen Paßgang gezüchtet. Diese ruhig gehenden **Zelter** waren besonders bei Damen beliebt, die sie mit einem **Damensattel** ritten.

Galopp (**3**), die schnellste Gangart, besteht aus aufeinanderfolgenden Sprüngen. Dabei gibt es eine Schwebephase, bei der das Pferd mit allen vier Beinen in der Luft ist. Man unterscheidet Rechts- und Linksgalopp, je nachdem, welches Bein der Vorhand vorgreift. Rennpferde in der Karriere, dem gestreckten Galopp, erreichen Geschwindigkeiten bis zu 80 Stundenkilometern.

Paßgang zeigen Großpferde meist nur bei Übermüdung. Sie bewegen dabei langsam jeweils zwei Beine einer Seite. Pferderassen, die dazu besonders neigen, hat man als Saumpferde benutzt.

Schritt (**1**), die langsamste Gangart, hält das Pferd am längsten durch. Dabei legt es mit Reiter etwa 6 bis 8 Kilometer in der Stunde zurück.

Tölt nennt man eine Art des Paßgangs, die Island Ponys neben den Grundgangarten zeigen.

Trab (**2**) geht ein Pferd diagonal, das heißt, der Vorderfuß und der entgegengesetzte Hinterfuß werden gleichzeitig aufgesetzt. Ein Renntraber erreicht dabei Geschwindigkeiten von etwa 50 Stundenkilometern.

Zelter oder „Tölter“ hießen im Mittelalter die Reitpferde der Damen und Geistlichen.

Gräben dürfen zwischen drei und fünf Meter breit sein, je nach Springklasse. Man unterscheidet dabei den Wassergraben (**5**) und den trockenen Graben.

Kombination (**6**) nennt man die Anordnung von zwei oder drei Hindernissen bei Springprüfungen. Sie setzen sich meist aus Hürden für Hochsprung, Weitsprung und Hochweitsprung zusammen.

Mauern, wie die graue Feldsteinmauer (**3**), erfordern Steilsprünge. Die Mauer wird meist aus Holzkästen gebaut. Ein Drittel der Höhe muß abzuwerfen sein, damit sich das Pferd nicht verletzt.

Parcours (sprich: Parkur) ist die allgemein übliche Bezeichnung für eine Springbahn. Die Zahl der Hindernisse ist vorgeschrieben. Der Parcours darf nicht länger sein als die Anzahl der Hindernisse mal 60 Meter.

Springrekorde müssen 2 Zentimeter über den alten Rekorden liegen. Im Hochsprung sind das 2,47 Meter seit 1949, im Weitsprung 8,40 Meter seit 1975.

Stangenhindernisse zählen zu den einfachsten und bekanntesten Hürden. Dazu gehören der Hochsprung über das Rick (**1**) und der Hochweitsprung über den Oxer (**2**). Die Triplebarre (**4**), eine dreifache Barriere, erfordert einen Hochweitsprung.

DAS SPRINGREITEN begeistert viele Zuschauer. Wer selbst reitet, bewundert die großen Vorbilder auf dem **Parcours.** Und so mancher träumt davon, auch einmal mit seinem Pferd sicher über die Hindernisse zu gehen. Das erfordert eine jahrelange Ausbildung von Reiter und Pferd. Ihrer Natur nach weichen Pferde jedem Hindernis aus. Begabte Turnierpferde gehen aber mit entsprechenden reiterlichen Hilfen auch über ein hohes **Stangenhindernis** oder einen breiten **Graben.** Die Ausbildung beginnt meist damit, daß man das Pferd über niedrigliegende Stangen treten läßt. Eine gute Vorbereitung für das Springen ist auch der Geländeritt, bei dem das Pferd öfter einmal über umgestürzte Bäume oder einen schmalen Bach setzen muß.

Aus den natürlichen Reithindernissen in Feld, Wald und Flur hat der Mensch die Formen für die künstlichen Hürden im Parcours geschaffen. Wie das Gatter und der Wall wurde auch die **Mauer** als Hindernis in den Springsport aufgenommen. Am schwersten zu springen sind die zwei- und dreifachen **Kombinationen.** Hierbei muß man kurz aufeinander jeweils den richtigen Absprungpunkt für die nächste Hürde finden. Das erfordert von Reiter und Pferd genaues Abschätzen der Höhe und Entfernung.

Um es dem Pferd etwas zu erleichtern, werden die Stangen auffällig gestrichen. Pferde können Rot, Blau, Gelb und Grün deutlich unterscheiden. Diese Farben werden deshalb zur Kennzeichnung der Hindernisse verwendet. Nach neuesten Erkenntnissen bevorzugt man die helleren Farben Gelb und Grün. Blau-Weiß gestrichene Hindernisse werden von Springpferden häufiger „verweigert" als andere. Daß Pferde keineswegs phantastische Springer sind, beweisen die bestehenden **Springrekorde.** Sie sind kaum größer als die des Menschen. Nur trägt das Pferd den Reiter.

1
2
3
4
5
6

Reitsport

Amazonen bildeten nach der griechischen Sage ein Volk von kriegerischen Frauen ohne Männer. Danach sind heute Turnierreiterinnen benannt.

Caprilli, Federico, lebte von 1868 bis 1907. Der Offizier der italienischen Reiterei erfand im Jahr 1894 den „leichten Sitz“.

Deutsche Reiterliche Vereinigung (FN = Fédération Equestre Nationale) nennt sich der Hauptverband für die Zucht und Prüfung deutscher Pferde. Dazu gehören über 1600 Reit-, Fahr- und Zuchtvereine mit mehr als 300 000 Mitgliedern. Die Vereinigung befindet sich in Warendorf bei Münster/Westfalen.

Fehlerpunkte erhalten Springpferde und Reiter, wenn sie Stangen oder Mauerkästen abwerfen, in den Graben treten, ein Hindernis umreiten oder auslassen. 4 Fehler werden für einen Abwurf gerechnet, 3 Fehler für einmaliges, 9 Fehlerpunkte für zweimaliges Verweigern. Beim dreimaligen Ungehorsam müssen Pferd und Reiter ausscheiden. Ein Sturz zählt 8 Punkte.

Klassen im Springreiten sind: Klasse E (Einführung), A (Anfänger), L (leicht), M (mittel) und S (schwer). Klasse E geht über 6 bis 10 Hindernisse bis 1 Meter Höhe. Die schwerste Klasse S hat bis zu 20 Hindernisse bis 1,60 Meter hoch und 5 Meter breit.

DER TURNIERSPORT ist ein harter Leistungswettbewerb mit hohen Anforderungen. Nur beste Reiter mit hervorragend geschulten **Springpferden** können an einem solchen Wettkampf teilnehmen und vor den kritischen Augen der Turnierrichter und Zuschauer bestehen. Bei Reit- und Springturnieren gehen heute auch **Amazonen** an den Start. Schon manche Reiterin hat dabei gesiegt.
Der moderne Turniersport geht auf den Italiener Federico **Caprilli** zurück. Er war Rittmeister und Ausbilder der italienischen Kavallerie und erfand gegen Ende des letzten Jahrhunderts einen völlig neuartigen **Springsitz.** Dieser Caprilli-Stil hat sich bis heute kaum verändert. Er machte die großartigen Leistungen von Pferd und Reiter erst möglich.
Beim Springreiten gibt es wie in anderen Sportarten auch eine Einteilung in **Klassen.** Ein junger Reiter mit einem unerfahrenen Pferd kann sich im Springen schließlich nicht mit einem Weltmeister messen. Deshalb sind die Schwierigkeiten an den Hindernissen auch in den einzelnen Klassen unterschiedlich. Aber sie müssen jeweils möglichst ohne **Fehlerpunkte** und in der erlaubten Zeit gemeistert werden. Die **Leistungsprüfungsordnung** schreibt dabei die Anzahl und Höhe der Hindernisse für die einzelnen Klassen sowie die Länge des Parcours genau vor. Auch die Art der Zäumung ist bis zur Klasse M von der **Deutschen Reiterlichen Vereinigung** streng festgelegt. Ein Anfänger darf zum Beispiel nicht mit der Kandare reiten. Lediglich das **Martingal** ist als Hilfszügel erlaubt.
Reitturniere werden im Freien oder in der Halle abgehalten. Der Parcours im Freien ist meist länger und schwieriger. Immer bildet das **Stechen** den Höhepunkt, bei dem meist ziemlich gleichwertige Gegner um den Sieg streiten. Dabei entscheiden häufig die Pferde – und natürlich das Glück.

Leistungsprüfungsordnung wird mit LPO abgekürzt. Sie enthält die strengen Regeln für die Ausrichtung von Turnieren und die Teilnahme daran. Nach der LPO werden auch die Pferde auf ihre Eignung bewertet.

Martingal heißt ein zweigeteilter Riemen, der mit einem Ring an den Reitzügeln eingehängt und zwischen den Vorderbeinen am Sattelgurt befestigt wird (Bild unten). Damit wird das Hochnehmen des Kopfes eingeschränkt.

Springpferde müssen eine Veranlagung zum Springen mitbringen und unbedingten Gehorsam zeigen. Hengste sind meist zu wild. Deshalb bevorzugt man Stuten oder Wallache. Das wohl erfolgreichste Springpferd der Welt, „Meteor" von Fritz Thiedemann, war ein Wallach. Genauso berühmt ist die Stute „Halla" von Hans Günter Winkler.

Springsitz bedeutet das richtige Verlagern des Schwerpunktes, um dem Pferd die Aufwärtsbewegung zu erleichtern (Bild oben, Sprung am Amsterdamer Tor). Beim Springen sitzt der Reiter nahe an der Schulter.

Stechen findet statt, wenn mindestens zwei Reiter punktgleich sind. Dann wird der Parcours verkürzt und durch höhere Hindernisse erschwert.

Reitsport

Dressur ist die Schulung eines Pferdes bis zu einer gewünschten Leistung. Die Grundlage für ein gutes Dressurpferd ist der unbedingte Gehorsam nach dem Willen des Reiters. Im Wettkampf müssen Pferd und Reiter völlige Übereinstimmung zeigen.

Dressurpferde werden nach der Grundausbildung in der zweiten Stufe zum „Campagne-Reiten“ gebracht. Dabei muß das Pferd in allen Gangarten in voller Versammlung gehen, das heißt die jeweils beste Körperhaltung beherrschen. Man kann das etwa mit dem Turnen vergleichen. Wenige besonders begabte Pferde können danach die „Hohe Schule“ erlernen.

Dressurviereck ist der Platz, auf dem Prüfungen im Dressurreiten abgenommen werden. Man unterteilt nach den gleichen Klassen wie im übrigen Reitsport. Auf dem 20 mal 40-Meter-Viereck werden die leichten Klassen geritten. Die schweren Prüfungen finden auf einem Viereck mit 20 mal 60 Meter statt.

Jagdspringen ist ein veralteter Ausdruck für Springprüfungen. Das Wort kommt vom Jagdreiten, wo die Pferde über verschieden hohe natürliche und eingebaute Hindernisse setzen. Bei der Olympiade werden im Großen Jagdspringen zwei Umläufe über einen unterschiedlichen Parcours verlangt.

Dressur und Military

DIE REITEROLYMPIADE zählt zu den höchsten Bewährungsproben für Reiter und Pferd. Als die Griechen im Jahr 680 vor Christus die fünfundzwanzigste Olympiade feierten, waren zum erstenmal auch Wagenrennen mit Pferden als Wettkampf zugelassen. Später führte man auch Pferderennen ein. Bei den ersten Olympischen Spielen der Neuzeit im Jahr 1896 waren keine Pferde dabei. Auch in den beiden folgenden gab es keine Reiterolympiade. Erst seit der Olympiade 1912 in Stockholm kennt man reiterliche Einzel- und Mannschaftswettbewerbe. Dazu gehört ein großes **Jagdspringen** für Einzelreiter. Den Abschluß der Sommerolympiade bildet jeweils der **Preis der Nationen.**

Die Grundlage des Reitsports ist die **Dressur.** Deshalb gehört die Große Dressurprüfung ebenfalls zur Reiterolympiade. Pferd und Reiter führen dabei im **Dressurviereck** bis zu siebzig **Lektionen** vor. Die **Dressurpferde** werden mit dem Dressursattel geritten. Im Gegensatz zum gewöhnlichen Reitsattel sind hier die Beine gestreckt und die Knie weniger stark angewinkelt.

Neunzehn verschiedene Lektionen im Dressurviereck muß auch ein Militaryreiter vorführen. Dies ist nur der Anfang der härtesten und schwersten Prüfung für Pferd und Reiter. Die Engländer nennen die **Military** das „Three days event" – das Drei-Tage-Programm. Es beginnt mit der Dressur. Am zweiten Tag folgt ein schwieriger Geländeritt mit zwei verschiedenen Wegstrecken. Auf diesen Querfeldeinstrecken sind zusätzliche Hindernisse eingebaut. Die Belastungen für das **Militarypferd** sind dabei so hoch, daß Pausen mit tierärztlichen Untersuchungen eingelegt werden. Am dritten Tag folgt ein schnelles Springen auf einem Parcours. Wer diese Vielseitigkeitsprüfung besteht, kann sich durchaus mit einem Marathonläufer vergleichen.

Lektionen nennt man die bei der Dressur verlangten Einzelübungen. Sie werden mit Punkten von 0 bis 10 bewertet. Eine der Grundlektionen ist der Mitteltrab, wie ihn der bekannte deutsche Dressurreiter Neckermann zeigt (Bild oben).

Military oder Vielseitigkeitsprüfung ist der schwierigste reitsportliche Wettbewerb. Dabei werden neben der Dressur ein harter Ritt im Gelände auf einer Querfeldeinstrecke (Bild unten) sowie ein mittelschweres Springen verlangt. Sieger ist, wer nach allen drei Tagen mit den wenigsten Strafpunkten am Ziel ist.

Militarypferde müssen für alle Reitsportarten geeignet sein. Der Geländeritt wird zudem in verschiedenen Geschwindigkeiten einschließlich Rennbahngalopp zurückgelegt. Ein Militarypferd benötigt Geschicklichkeit, Ausdauer, gutes Springvermögen, gute Nerven und schnelles Reaktionsvermögen.

Preis der Nationen nennt sich ein Mannschaftsspringen, das nur bei einem Offiziellen Internationalen Springturnier und der Reiterolympiade ausgetragen wird. Dabei starten jeweils vier Reiter für ihr Land über zwei gleiche Umläufe. Die drei Besten jeder Mannschaft werden bewertet. Die Mannschaft heißt Equipe (sprich: Ekip). Mindestens drei Equipen müssen zum Wettkampf antreten.

Reitsport

Fuchslosung wird aus dem eingeweichten Kot des Fuchses hergestellt. Der mit Fuchslosung getränkte Stoffballen oder Schwamm hinterläßt für Hunde eine riechbare Spur.

Hubertusjagden werden im Spätherbst zu Ehren des Schutzheiligen der Jäger, Sankt Hubertus, durchgeführt. Die besten Reiter tragen den roten, Damen den schwarzen Jagdrock.

Huntsman (sprich: Hantsmän) ist der Hundeführer. Er ist mit den Pikören für die Meute verantwortlich.

Jagdpferde müssen schnell sein und gut springen können. Die besten „Hunter" kommen aus England und Irland und gelten auch als hervorragende Military-Pferde.

Master ist der Jagdleiter. Er bläst die Jagd mit dem Jagdhorn an und ab. Das Signal am Ende der Jagd ist das Halali.

Meute nennt man die bei der Reitjagd verwendeten Hunde. Man zählt sie nach Koppeln, das sind jeweils Paare.

Parforce-Jagd, die „Jagd durch Gewalt", ist eine Hetzjagd mit Hunden, bis das Wild zusammenbricht. Diese Art des Jagens von Hirschen, Rehen, Hasen, Füchsen und Wildschweinen ist in Deutschland verboten.

DIE JAGD zu Pferde begann bald nachdem der Mensch sich den Pferderücken erobert hatte. Denn die frühen Reitervölker erkannten rasch, daß sie auf dem Pferd Wildtiere besser verfolgen und erlegen konnten. Im Altertum jagten Könige und Fürsten hoch zu Roß sogar Löwen. Aus dieser Zeit stammt auch der Brauch, Hunde, Falken, Geparden und sogar Tiger für die Jagd abzurichten.

Die **Parforce-Jagd** auf lebendes Wild hinter einer **Meute** gibt es heute nur noch in einigen Gegenden Englands, Frankreichs und Italiens. Anstelle der für das Wild meist grausamen Hetzjagd ist das sportliche Jagdreiten getreten. Nur die roten Reitröcke erinnern noch an die Jagdgesellschaften vergangener Jahrhunderte.

Heute ist die Schleppjagd Ersatz für die Jagd auf lebendes Wild. Sie wird ebenfalls mit Hunden durchgeführt und kann bei guter Vorbereitung mindestens ebenso spannend und aufregend sein. Die Hetzhunde werden dabei auf einen bestimmten Geruch „eingeschleppt". Dazu läßt ein Vorreiter aus einem Kanister **Fuchslosung** oder eine andere Flüssigkeit abtropfen. Oder er legt die Schleppe, indem er einen mit Fuchslosung getränkten Stoffballen durch das Jagdrevier zieht. Sobald der **Master** die Jagd anbläst und der **Huntsman** die Hunde freiläßt, nehmen diese die künstliche Spur auf – und ab geht die Hatz querfeldein über Stock und Stein. Da muß einer schon gut reiten können und ein hervorragendes **Jagdpferd** haben!

Wenn im Oktober bei uns die Felder abgeerntet sind, veranstaltet fast jeder Reitklub eine **Hubertusjagd.** Dies ist meist eine Fuchsjagd ohne Fuchs und Hunde. Den „Fuchs" spielt dabei ein besonders guter Reiter, der sich einen Fuchsschwanz an die linke Schulter heftet. Wer ihn einholt und den Fuchsschwanz abreißen kann, ist Sieger.

Jagdreiten

1

2

3

Die Hohe Schule

DIE SPANISCHE REITSCHULE in Wien ist weltberühmt. Daß sie nicht „Österreichische Reitschule“ heißt, kam so: Kaiser Maximilian II. regierte im 16. Jahrhundert als deutscher Kaiser in Wien. Gleichzeitig war er Vizekönig von Spanien. Und in Spanien gab es damals die besten Pferde, die Andalusier. Maximilian führte diese begabten **Schulpferde** in Österreich ein und errichtete in Kladrub ein Gestüt. Auch sein Bruder, Erzherzog Karl, war ein begeisterter Pferdefreund. Das von ihm etwas später gegründete Gestüt in **Lipizza** brachte ebenfalls Pferde mit Araber- und Berberblut hervor, die berühmten Lipizzaner. Fünf der bis heute erhaltenen Lipizzastämme gehen auf die Hengste Pluto, Conversano, Favory, Maestoso und Neapolitano zurück. Später kam noch ein reinweißer Araber, Siglavy, als Stammvater hinzu. Obwohl nicht alle Hengste weiß waren, sind fast alle Lipizzaner heute Schimmel.

Die Spanische Reitschule Wien wurde von Kaiser Karl VI. im Jahr 1735 als Hofreitschule gegründet. Nur Hengste, welche die Lektionen der **Hohen Schule** am besten beherrschen, werden seitdem für die Zucht verwendet. Diese ausgesuchten Lipizzaner führen die **Schulen auf der Erde** ebenso sicher vor wie die **Schulen über der Erde.** Sie zeigen die Kunst des Reitens in höchster Vollendung. Dies ist aber nur durch harte tägliche Arbeit und beständiges Training möglich. Voraussetzung für die klassische Dressur sind edle, sehr begabte Pferde. Manche Pferdeliebhaber fahren nur wegen der Spanischen Reitschule nach Wien. Wer einmal eine **Quadrille** von zehn oder zwölf völlig gleichartigen schneeweißen Lipizzanern gesehen hat, kann es vielleicht verstehen. Den Hengsten mit ihrem goldbeschlagenen Zaumzeug stehen die Reiter in den braunen Fräcken und hellen hirschledernen Hosen kaum nach.

Hohe Schule ist die höchste Stufe des Dressurreitens, die von Pferd und Reiter äußerste Geschicklichkeit und Reitkunst verlangt.

Lipizza, das Stammgestüt der Lipizzaner, liegt in der Nähe von Triest im heutigen Jugoslawien. Der Nachwuchs für die Spanische Reitschule kommt heute aus Piber in der österreichischen Steiermark.

Quadrille (sprich: Kuadrij) bedeutet das Reiten in geschlossener Abteilung, wobei eine geradzahlige Pferdegruppe exakt gleiche Reitfiguren zeigt (**1**, Einritt in der Spanischen Reitschule Wien).

Schulen auf der Erde umfassen Lektionen des Dressurreitens wie die Piaffe oder die Passage. Das Pferd bleibt dabei mit den Beinen auf dem Boden.

Schulen über der Erde werden in sportlichen Dressurprüfungen nicht verlangt. Bei der „Hohen Schule“ führt man die Lektionen mit und ohne Reiter vor. Dazu zählen die Courbette (**2**) und die Ballotade (**3**).

Schulpferde heißen allgemein Pferde, die zur Ausbildung von Berufsreitern und Reitlehrern in Reitschulen dienen. Pferde, die sich für die „Hohe Schule“ eignen, sind Lipizzaner und Andalusier. Der Lipizzaner ist sehr lernwillig und zuverlässig.

Rennsport

Derby heißt nach Edward Graf Derby das bedeutendste Rennen für Vollblüter. Es wurde nach seiner Namensgebung erstmals am 4. Mai 1780 öffentlich in Epsom in England gelaufen. Seither findet es jeweils am Mittwoch vor oder nach Pfingsten statt. Auch andere Rennen heißen heute Derby.

Distanz ist ein Fremdwort für Entfernung. Bei Leistungsprüfungen sind die Distanzen festgelegt. Die Distanz für das klassische Derby beträgt heute 2400 Meter.

Flachrennen sind eine Form von Galopprennen ohne Hindernisse (Bild). Sie führen über Distanzen zwischen 1000 und 4800 Meter. Pferde, die auf kurzen Strecken die beste Leistung bringen, nennt man Flieger, Pferde für Mittelstrecken sind Meiler, Langstreckenrenner heißen Steher.

Grand National (sprich: Gränd Näschenell) ist das bedeutendste und schwierigste Hindernisrennen der Welt. Es wird auf der Bahn von Aintree bei Liverpool über 7824 Meter geritten und hat 30 schwere Sprünge. Die besten Pferde benötigen etwas über 9 Minuten.

Hindernisrennen führen über natürliche und künstliche Hindernisse. Bei Hürdenrennen bestehen sie aus Reisigbüschen, die das Pferd streifen darf. Man nennt das „wischen".

DIE RENNBAHN ist der Ort, wo Pferde das meiste Geld verdienen. Denn bei Pferderennen geht es oft um hohe Preise. Es gibt berühmte **Rennpferde,** die ihren Besitzern schon Millionen eingebracht haben.

Das Ursprungsland des Rennsports ist England. Dort war bei Jagdreitern zum Abschluß das **Steeplechase** üblich, um herauszufinden, wer das schnellste Pferd besaß. Diese **Hindernisrennen** führten querfeldein und waren ein Spaß. Man veranstaltete aber auch Rennen, um die Ausdauer und Schnelligkeit der dreijährigen Hengste zu testen und sie für die Zucht auszuwählen. Das bekannteste **Flachrennen,** das **Derby,** verdankt seinen Namen dem Grafen Derby und einer Münze. Auf dem Landsitz des Grafen trafen sich im Frühjahr 1778 einige Gutsbesitzer, um ein Rennen über eine englische Meile auszutragen. Unter ihnen war auch Sir Charles Bunbury, der mit seinem Gastgeber darum loste, wessen Namen das Rennen tragen sollte. Eine Münze wurde hochgeworfen – und Graf Derby gewann. Das Derby wurde bald zum bedeutendsten **Zuchtrennen** für englische Vollblüter.

Heute werden Galopprennen meist auf Grasbahnen über unterschiedliche **Distanzen** geritten. Jedes Pferd, das in die **Startmaschine** geht, trägt eine Nummer. Man kann es aber auch an seinem **Jockey** erkennen, der in den Farben seines **Rennstalls** gekleidet ist. Nicht zuletzt von seinem Können hängt es ab, ob er das Pferd als erster ins Ziel bringt und damit dessen Besitzer einen Teil der Unterhaltskosten zurückholt. Dabei kommt es nicht nur auf einen guten Start, sondern auf eine kluge Einteilung der Pferdekräfte an. Hindernisrennen stellen zusätzlich hohe Anforderungen an die Geschicklichkeit von Pferd und Reiter. Wohl das schwierigste Rennen ist das jährliche **Grand National** von Liverpool, bei dem sich schon viele Pferde zu Tode stürzten.

Galopprennen

Jockeys (sprich: (Tschockis) starten als Berufsrennreiter für einen Rennstall. Um Jockey zu werden, braucht man eine harte dreijährige Ausbildung. Man darf nicht zu groß und zu schwer sein.

Rennpferde sind fast ausschließlich englische Vollblüter. Sie können bei Flachrennen kurzzeitig Spitzengeschwindigkeiten von 80 Stundenkilometern erreichen. Durchschnittlich laufen sie 65 Kilometer in der Stunde.

Rennställe verfügen über mehrere Pferde, die unter den Stallfarben für Rennen zugelassen sind. Von den Gewinnsummen, die ein Pferd dem Rennstallbesitzer einbringt, werden die Kosten für den Stall, die Jockeys und der Trainer bezahlt.

Startmaschinen werden beim Galopprennen verwendet. Die Pferde stehen dabei in Boxen, die sich beim Startkommando öffnen (Bild oben).

Steeplechase (sprich: Stieplschäs) bedeutet „Jagd zum Kirchturm", dem steeple. Die ersten Hindernisrennen der Jagdreiter führten querfeldein über alle natürlichen Hürden bis zum nächsten Kirchturm.

Zuchtrennen zwischen Pferden des gleichen Jahrgangs dienen dazu, Hengste und Stuten für die Zucht auszuwählen. Alle Pferde müssen dabei das gleiche Gewicht tragen, Stuten 2 Kilogramm weniger als Hengste.

Rennsport

Autostart beim Trabrennen vollzieht sich so, daß ein Auto mit einem Gestänge vor den Trabergespannen herfährt. An der Startlinie erhöht der Wagen die Geschwindigkeit und zieht davon.

Orlowtraber, so genannt nach ihrem Züchter Graf Orlow (sprich: Orloff), gehen väterlicherseits auf den Hengst Bars zurück. Diese russischen Renner wurden im 19. Jahrhundert in fast alle europäischen Staaten verkauft und später mit dem amerikanischen Standardtraber gekreuzt.

Standardtraber oder American Standard Bred Trotter haben ihren Namen von einer Standardprüfung, der sich die Pferde unterziehen mußten. Heute beträgt der Standard 1 Minute und 56 Sekunden für eine Meile. Amerikanische Pferde laufen auch Rennen im Paßgang.

Sulky heißt der leichte zweirädrige Rennwagen, auf dem der Fahrer mit weit gespreizten Beinen sitzt (Bild oben und unten). Es gibt auch Trabrennen mit Schlitten.

Totalisator nennt sich der staatliche Wettbetrieb, wobei man auf Sieg eines Pferdes, Platz unter den drei ersten oder den Einlauf der ersten zwei Pferde setzen kann. Der Gewinn wird von Wettmaschinen errechnet. Ein Teil des Wettgeldes geht an den Veranstalter. Man kann auch privat bei einem Buchmacher wetten.

DIE TRABER sind besondere Pferde. Ihre natürliche Veranlagung zum Trab hat man durch gezielte Auswahl bei der Zucht und ein ausgeklügeltes Training bis zur Vollkommenheit gesteigert. Im Jahr 1775 kreuzte der russische Graf Orlow arabische Vollbluthengste mit dänischen und holländischen Stuten. Er wollte ein ausdauerndes und schnelles Wagen- und Schlittenpferd, das die gewaltigen Entfernungen in Rußland bewältigen konnte. Das Ergebnis dieser Zucht war der **Orlowtraber.**
Der Russe züchtete seine Pferde vor allem für den täglichen Gebrauch. Doch er prüfte sie auch ständig auf kurzen und langen Strecken. Der Trabrennsport aber kam aus Amerika. Dort entstand im vorigen Jahrhundert mit englischem Vollblut der amerikanische **Standardtraber,** der dem russischen an Schnelligkeit überlegen war.
Heute hat der Trabersport auch in Europa viele Freunde. In Frankreich gab es schon lange Wettbewerbe im Trabreiten. Dann kam das Fahren unter dem leichten **Sulky** auf, wobei die Pferde etwa fünfzig Stundenkilometer erreichen. An vielen Orten entstanden Trabrennbahnen, in denen das ganze Jahr über Rennen gelaufen werden können. Hengste, Stuten und inländische Wallache dürfen an den Rennen teilnehmen. Die Rennstrecken liegen zwischen 1100 Meter für Flieger und bis 4000 Meter für Steher. Gestartet wird meist mit **Autostart.** Auf modernen Bahnen gibt es auch die Zielfotografie. Denn oft entscheidet eine Nasenlänge über Sieg oder Niederlage. Das genaue Zielfoto ist auch von Vorteil für viele Zuschauer, die am **Totalisator** gewettet haben. Das Wetten gehört ebenso zum Rennen, wie die Begeisterung für die edlen Pferde. Allerdings hat gerade beim Trabrennen schon mancher sein Geld verloren, weil sein Favorit plötzlich zu galoppieren anfing.

Trabrennen

Reiterspiele / Männer und Pferde

DIE KAMPFSPIELE zu Pferd haben eine lange Geschichte. Im Altertum gehörte das **Speerreiten** zur militärischen Ausbildung. Dazu kam das Bogenschießen. Der Reiter saß dabei freihändig im Sattel. Meister in dieser Kunst waren die Reitervölker der östlichen Steppen, vor allem die Perser. Sie schossen mit Pfeil und Bogen künstliche Vögel von den Bäumen. Die Ritterturniere des Mittelalters verlangten weniger Reitkünste, dafür um so mehr Kraft. Die langsamen und schweren Kaltblutpferde waren für Geschicklichkeitsübungen auch kaum zu gebrauchen. Aus der späten Ritterzeit hat sich aber das **Rolandreiten** erhalten.

Das wildeste Reiterspiel wird heute noch in Afghanistan gezeigt. Dort kommt es beim **Buskatschi** nicht nur häufig zu schweren Verletzungen, sondern es bleiben manchmal sogar Tote auf dem Kampfplatz. Dabei geht es um eine geschlachtete Ziege, die sich die Buskatschi-Kämpfer gegenseitig abjagen. Wer das Tier in eine Grube inmitten des Kampfplatzes legen kann, ist Sieger. Die Sitten sind dabei so rauh, daß der Schiedsrichter die Kämpfer oft mit der Peitsche trennen muß.

Die Beduinen sagen, der Ochse sei für die Armen, das Kamel für die Wüste, das Pferd für den Kampf. Und kämpferisch erscheint auch ihr Reiterspiel, die **Fantasia.** Wer die Nomaden der Wüste auf ihren edlen Vollblütern mit Geschrei und drohenden Flüchen in vollem Galopp daherpreschen sieht, glaubt an einen Überfall. Aber es bleibt beim Spiel ohne Verletzte.

Auch die einstmals von ihren Gegnern gefürchteten russischen **Kosaken** erinnern mit ihren Reitkünsten nur noch an vergangene Zeiten. Weniger harmlos dagegen ist der **Stierkampf** vom Pferd aus. Er war schon zu Zeiten Alexanders des Großen vor über zweitausend Jahren bekannt.

Buskatschi geht auf einen alten Brauch der Nomaden in den asiatischen Steppen zurück. Die Kämpfer jagten sich entweder ein totes Tier ab oder es ging um eine Brautjagd. Die Braut durfte dabei mit der Peitsche schlagen. Heute ist Buskatschi in Afghanistan bekannt wie bei uns Fußball.

Fantasia (Bild) ist das Reiterspiel der Beduinen. Sie täuschen dabei einen wilden Angriff vor.

Kosaken waren gefürchtete russische Reiter, die wie Künstler mit ihren Pferden umgingen. Aus der militärischen Kosakenreiterei wurde eine Schauvorführung, die stark an das Voltigieren erinnert.

Rolandreiten, ein Überbleibsel aus der Ritterzeit, wird heute noch in Norddeutschland gezeigt. Dabei muß der Reiter in vollem Galopp mit einer Lanze eine drehbare Holzfigur treffen.

Speerreiten gehörte zur Grundausbildung der altertümlichen Kampfreiter. Dabei müssen 150 Zentimeter lange Speere während des vollen Rittes auf Zielscheiben geworfen werden.

Stierkampf zu Pferde ist heute hauptsächlich in Portugal üblich. Die Pferde sind dabei meist durch dicke Polster vor den Stierhörnern geschützt. Der Stier selbst wird bei diesem Kampf selten getötet.

Reiterspiele

Broncoreiten gilt als Spitzenleistung im Rodeo. Broncos sind halbwilde, ungerittene Pferde. Sie bocken beim Aufsitzen. Um dieses Bocken zu verstärken, schnallt man ihnen vor den Hinterbeinen einen engen Lederriemen um den Leib. Der Reiter, der sich länger als zehn Sekunden auf dem Pferd halten kann, ist ein gefeierter Held (Bild oben).

Buffalo Bill hieß eigentlich William Frederic Cody. Er lebte von 1846 – 1917. Als Büffeljäger und Reiter für den Pony Express, einer Postreiterstaffel zwischen dem Osten der USA und dem Wilden Westen, wurde er weltberühmt. Er soll einmal innerhalb von achtzehn Monaten über viertausend Büffel umgebracht haben. Gegen Ende des letzten Jahrhunderts zeigte er seine Wild-West-Schau mit Cowboys, Indianern, Büffeln und Pferden in vielen Städten Amerikas.

Cowponys sind amerikanische Pferde mit Cow-Sense, das heißt mit besonderer Begabung für das Zusammenhalten von Rinderherden und das Cutting.

Cutting (sprich: Katting) nennt man das Absondern und Herausfangen von Rinderkälbern aus der Herde. Die Cutting-Horses werden dafür besonders trainiert. Das bekannteste Cutting-Horse ist das Quarter Horse, das als schnellstes Pferd über eine Viertelmeile gezüchtet wurde.

DIE COWBOYS, die ihre Rinderherden zu den Verladestationen an die Bahnlinien trieben, kamen aus allen Teilen des Wilden Westens. Sie hatten ihre Arbeit getan, und das war ein Grund zum Feiern. Da das Verladen der für den Schlachthof bestimmten Rinder langsam vor sich ging, vertrieb man sich die Wartezeit mit allerlei Reiterkunststücken. Diese zeigten die tägliche Arbeit der Viehhirten, und man machte daraus Wettbewerbe. Außerdem konnten die Viehhirten dabei die Rancher beeindrucken und vielleicht Arbeit für den nächsten Viehtrieb bekommen.

So entstand aus den ersten Cowboyfesten das **Rodeo.** Man kannte es auch in Südamerika, wo die **Vaqueros** heute noch ihr **Jaripeo** vorführen. Immer geht es dabei um Pferde und Rinder. Es werden Kälber mit dem **Lasso** aus einer Herde eingefangen und gefesselt. Könner benötigen für dieses **Cutting** nur zwölf Sekunden, wenn sie ein entsprechend trainiertes **Cowpony** reiten. Eine andere Übung, die Mut und Geschicklichkeit verlangt, ist das **Stierwerfen.** Auch hier kommt es darauf an, der Schnellste zu sein. Der Langsamste dagegen gewinnt beim **Broncoreiten.** Wer sich nämlich länger als zehn Sekunden auf einem jungen bockenden Pferd halten kann, erhält sicher einen Preis. Der Reiter darf sich dabei allerdings nur mit einer Hand am Sattelgurt festhalten und mit der anderen weder das Pferd noch das Lederzeug berühren.

Aus dem Freizeitvergnügen der Cowboys wurde sogar ein Beruf. Der berühmte **Buffalo Bill** zog als erster mit seiner Wild-West-Schau durch ganz Nordamerika und begeisterte die Zuschauer. Heute werden für solche Veranstaltungen eigene Schaupferde gezüchtet. Zu dem größten kanadischen Rodeo mit **Planwagenrennen** und **Faßrennen** kommen oft eine Million Wild-West-Freunde als Zuschauer.

Das Rodeo

Faßrennen erfordert außerordentliche Wendigkeit von Pferd und Reiter. Dabei müssen aufgestellte Tonnen in möglichst engen Kurven und in kürzester Zeit umritten werden.

Lassos bestanden ursprünglich aus Lederstreifen. Heute sind es Seile. Das Lassoende wird am Sattelknopf befestigt, damit das eingefangene Kalb oder Rind gehalten werden kann.

Jaripeo spielt man in Mexiko und Südamerika. Es ist dem Rodeo verwandt. Mehrere Reiter arbeiten beim Fangen der Kälber zusammen, die sie an den Schwänzen packen und umwerfen.

Planwagenrennen finden auf amerikanischen und kanadischen Rodeos statt. Die Wagen fahren dabei vierspännig.

Rodeo gilt allgemein als Cowboyspiel. Heute verbindet man damit in den USA und Kanada große Volksfeste. Auch in Mexiko kennt man das Rodeo (Bild unten).

Stierwerfen ist ein Rodeo-Wettkampf. Der Cowboy steigt aus dem Sattel, packt den Stier bei den Hörnern und legt ihn auf den Rücken.

Vaquero ist die spanische und südamerikanische Bezeichnung für Cowboy.

Reiterspiele

Chukker (sprich: Tschacker) kommt vom indischen „Chukka“ und bedeutet Spielabschnitt.

Pato-Lorrain (sprich: Pato-Lorrä) ist eine Art Pferde-Korbball. Ein Lederball mit Henkeln wird von Reitern mit gebogenen Stöcken in den Korb befördert.

DAS POLO wird das „Spiel der Kaiser und Könige“ genannt. Es gilt als eines der ältesten Ballspiele der Erde und wurde in Persien erfunden. Von dort kam es nach Indien und China. Am chinesischen Kaiserhof spielten sogar die Hofdamen Polo, das heute harte Männersache ist. Auch in Byzanz, der Hauptstadt des oströmischen Reiches, begeisterten sich die Damen für das Polospiel.

1

2

Pferde am Ball

In Europa kannte man **Polo** nicht. Die Engländer brachten es erst aus Indien mit, das sie erobert und besetzt hatten. Noch in unserem Jahrhundert gehörte Indien zum britischen Weltreich. Und britische Offiziere nahmen auch den Sport des fremden Landes an und gründeten im Jahr 1872 in England den ersten Poloklub.

Die Engländer benutzten für das „Hockey zu Pferd" zunächst einheimische Ponys. Diese waren aber für die harten Anforderungen des Polospiels nicht besonders geeignet. Deshalb verwendete man mehr und mehr englische Vollblutpferde zur Zucht. Ein **Polopony** muß nicht nur mutig sein und Ausdauer, Eifer und Schnelligkeit zeigen, sondern auch Gleichgewichtssinn haben. Die besten Polopferde kommen heute aus Argentinien. Diese Vollblüter werden für das Spiel lange und hart geschult.

Beim Polo treten zwei Mannschaften zu je vier Spielern auf dem **Polofeld** gegeneinander an. Sie versuchen mit ihrem Poloschläger einen kleinen Ball aus Bambus- oder Weidenwurzeln ins gegnerische Tor zu treiben. Ein Spiel besteht aus acht **Chukkers** zu je siebeneinhalb Minuten. In der Regel werden heute weniger Chukkers gespielt. Nach jedem Chukker gibt es eine kurze Pause zum Wechseln der Pferde.

Polo ist ein sehr teurer und aufwendiger Sport und deshalb selten zu sehen. In Deutschland gibt es nur ganz wenige Poloklubs in einigen großen Städten. Hauptland für das königliche Spiel ist heute Argentinien. In Frankreich kennt man ein poloähnliches Spiel, das **Pato-Lorrain.** Und das wohl seltsamste Pferdeballspiel kommt aus Rußland, das sogenannte **Push-Ball.** In jedem Fall sind solche Spiele nicht nur für Reiter und Zuschauer spannend. Sie erfordern auch guttrainierte spielbegeisterte Pferde.

Polo (**2**) verlangt von Pferden und Reitern großes Können und Geschicklichkeit. Man treibt dabei den 40 Gramm schweren Ball mit dem 115 Zentimeter langen Schläger ins gegnerische Tor. Es sind nur Vorwärts- und Rückwärtsschläge seitlich vom Pferd sowie Schläge über dessen Hals erlaubt. Kein Spieler darf die Schußlinie des Balles kreuzen. Sobald der Ball die Torlinie überschritten hat, ist Seitenwechsel.

Polofelder sind 275 Meter lang und 145 Meter breit. Das Feld ist wie beim Fußballspiel in zwei Hälften geteilt. An den schmalen Seiten stehen die 6,40 Meter breiten Tore.

Poloponys kommen vor allem aus Argentinien. Die ausdauernden und flinken Vollblüter sind mit einer Durchschnittsgröße von 160 Zentimetern eigentlich keine Kleinpferde mehr. Begabte Pferde kosten sehr viel Geld. Kein Polopony darf in zwei Spielabschnitten hintereinander eingesetzt werden. Man schützt die Beine der Pferde durch Gamaschen und bindet ihnen die Schweife ein, damit sich die Schläger nicht darin verfangen.

Push-Ball oder Schiebeball kann man als Pferdefußball ansehen. In der ursprünglichen Form schieben die Pferde einen Ball von etwa 180 Zentimeter Durchmesser ins Tor. Es gibt Abwandlungen mit kleinerem Ball (**2**).

Reiterspiele / In der Manege

Freiheitsdressur nennt man die Vorführung in der Zirkusmanege (**1**). Es entsteht der Eindruck, als ob sich die Pferde in natürlicher Umgebung bewegen.

Hippodrom hieß im alten Griechenland die Pferderennbahn. Heute versteht man darunter einen kleinen Pferdezirkus oder eine Reitbahn in einem Jahrmarktzelt, wo man in der Manege reiten kann.

Karussell geht auf das Carrousel an den Fürstenhöfen der Barockzeit zurück. Dabei zeigte eine große Zahl von Gespannen und Reitern kunstvolle Figuren.

Kunstreiter treten nur im Zirkus oder bei Pferdeschauen auf. Es sind Artisten, die auf gesattelten oder ungesattelten Pferden Sprünge, Überschläge oder Handstände zeigen. Eine Form des Kunstreitens ist das Kosakenreiten. Auch das Voltigieren wird von Kunstreitern in höchster Vollendung betrieben.

Pferdedressuren sollten die natürlichen Veranlagungen und Bewegungen der Pferde berücksichtigen, wie das Steigen der Hengste (**1, 3**). Im Zirkus werden aber auch unnatürliche Verhaltensweisen andressiert, wie Seilhüpfen (**2**) oder zu Bett gehen und sich zudecken.

Schulreiter führen als Dressurreiter die Lektionen der „Hohen Schule" vor.

DIE ZIRKUSREITEREI hat zwar viel mit Pferden, aber weniger mit sportlichem Reiten zu tun. **Pferdedressuren** verschiedenster Art fanden bereits im vorigen Jahrhundert in Frankreich ein begeistertes Publikum. In vielen Zirkussen wurden Pferde im Galopp rückwärts, im Galopp auf drei Beinen oder beim Polkatanzen vorgeführt. Mit der Dressur der „Hohen Schule" lassen sich solche Späße nicht vergleichen. **Schulreiter** erziehen ihre Pferde in einem umfassenden Ausbildungsgang dazu, die klassischen Gänge und Sprünge in vollkommener Harmonie auszuführen. Ein Zirkusreiter dagegen will die Zuschauer mit einer Reihe staunenswerter Tricks und Bewegungen unterhalten. Die waghalsigsten Übungen auf dem Pferderücken zeigen dabei die **Kunstreiter.** Höhepunkt jeder Pferdeschau im Zirkus aber ist die **Freiheitsdressur**, bei der meist kunstvolle Figuren des **Karussells** vorgeführt werden.
In manchem **Hippodrom** kann man das „rechnende Pferd" bestaunen. Fragt der Dresseur beispielsweise, wieviel drei mal zwei ist, dann scharrt der dressierte Gaul sechsmal mit dem Huf. Die Zuschauer sind verblüfft, aber natürlich kann kein Pferd rechnen. Man hat ihm nur beigebracht, auf ein bestimmtes Zeichen mit dem Scharren zu beginnen und auf ein anderes damit aufzuhören. Solche Tricks hatte auch das berühmteste kluge Pferd gelernt. Es hieß Marokko und wurde bereits im 16. Jahrhundert von einem Schotten namens Banks auf englischen Jahrmärkten vorgeführt. Marokko gab durch Scharren oder Kopfnicken die Zahl einer Münze an, die man ihm zeigte. Es kannte auch noch allerlei andere Kunststückchen, die man für Zauberei hielt. Mister Banks und sein Wunderpferd wurden wegen Hexerei verhaftet. Ein Gericht der Kirche in Rom verurteilte beide zum Tod auf dem Scheiterhaufen.

3

Wörterverzeichnis

Wörterverzeichnis

Wörterverzeichnis

Foto- und Bildnachweis:

Archiv Ferdinand Anton, München S. 63, 91 unten, Baumann/Bavaria 85 unten, Kunstsammlungen der Veste Coburg 22, Gunnar Cornelius/Bavaria 37/1, Archiv Hans Dollinger 26/1, Ditzer/Anthony 55/5, Ege/Anthony 61 oben, 69/2, Dr. Hell/Bavaria 25, Hippologischer Buchdienst Bengt Birck, München, 39, Historia-Photo 14, 26/2, 26/3, 68, 71/4, Hubrich/Bavaria 87 oben, Interfoto Friedrich Rauch 15, 37/4, 82/1 und 2, Jungblut/Bavaria 67 oben, W. Junge/Anthony 77 unten, Kraft/Bavaria 78 unten, Kroehnert/Anthony 69/3, Leidmann/ Bavaria 95/1, Löwenbrauerei München 71/3, Lorisch/Anthony 52/1, H. Maier/Anthony 55/3, K. P. Meier/Anthony 92/1, Muhr/Anthony 71/1, Nysten/Anthony 78 oben, Orbis/Bavaria 50, Packmohr/Anthony 52/2 Per/Bavaria 61 unten, Photo-Center 55/4, 95/3, Puck/Anthony 55/1, Rauch/Bavaria 31, Dr. Reisel/Anthony 55/2, Salz/Anthony 37/2, Schmalholz/Anthony 71/5, K. Scholz/Bavaria 95/2, SRW-Wien/Bavaria 82/2, Storck/Bavaria 71/2, Südd. Verlag 8, 18, 37/3, 67 unten, 91 oben, 92/2, Thau/Bavaria 85 oben, 87 unten, Weißer/Anthony 77 oben.

Wie hießen die Vorfahren unserer heutigen Pferde? **Seite 6**

Woraus besteht ein Roßharnisch **Seite 23**

Wie alt können Pferde werden? **Seite 32**

Was ist ein Stockmaß? **Seite 33**

Wie hoch ist die Körpertemperatur eines Warmbluts? **Seite 41**

Was versteht man unter einem Pony? **Seite 46**

Wieviel Wasser säuft ein Pferd? **Seite 54**

Wann legt ein Pferd die Ohren nach hinten? **Seite 60**

Eltern-Quiz

Jedes Piper Erklär mir Sachbuch steckt voller Wissenswertem, und es macht Spaß, sich und andere zu testen. Veranstalte Deinen eigenen Quiz-Abend. Wenn es Dir Freude macht, kannst Du Dir noch viele Fragen überlegen, auf die Du Antworten in **Erklär mir die Pferde** findest.

Piper Hans Peter Thiel
Berthold Casper

Grundschüler Lexikon

Sachunterricht

268 Seiten mit über 700 wichtigen Begriffen aus dem Sachunterricht in der Grundschule, durch über 200 zweifarbige Abbildungen erläutert.
Laminierter, abwaschbarer Pappband.

Das Nachschlagwerk für die ersten Schuljahre, das in jeder Schultasche Platz hat

Das Piper Grundschülerlexikon ist ein unentbehrlicher Begleiter für die ersten Schuljahre. Moderne Pädagogen wissen, daß die ersten Schuljahre entscheidend für die kindliche Entwicklung sind. Deswegen ist es besonders wichtig, den Kindern zusätzlich zu ihren Schulbüchern die richtigen Lernhilfen zu geben.
Das Piper Grundschülerlexikon, von Lehrern und Kindern vielfach getestet, ist ein praxisnaher Beitrag für den Sachunterricht in der Grundschule. Über 700 Grundbegriffe aus den verschiedenen Bereichen des Sachunterrichts wurden hier zusammengestellt. Für die Begriffsauswahl dieses alphabetischen Lexikons wurden die Lehrpläne der Grundschulen sowie die offiziellen Schulbücher für den Sachunterricht herangezogen. Jeder Einzelbegriff ist nach seiner Primärfunktion oder hauptsächlichen Anwendung in einer für das Kind leicht verständlichen Form und Sprache erklärt. Aussagekräftige und didaktisch gut angelegte Grafiken sowie Kennzeichen für die jeweiligen Fachbereiche ergänzen und erleichtern die Information.

Das Kompendium für die ersten Schuljahre

Hans Peter Thiel/Berthold Casper
Schweizer Primarschüler Lexikon
Klasse 1–5
268 Seiten mit über 700 wichtigen Begriffen aus dem Sachunterricht, durch über 200 zweifarbige Abbildungen erläutert.
Laminierter, abwaschbarer Pappband.